초보자를 위한 주식 수업

STOCK

주식 투자의 승패는 마인드에서 결정된다

초보자를 위한

주식 수업

CLASS

백광석 지음

다온길

머리말

　주식 투자는 많은 사람들에게 매력적인 기회로 다가옵니다. 뉴스에서는 성공적인 투자자들의 이야기가 끊임없이 쏟아지며, 주식 시장의 상승과 하락은 우리의 관심을 끕니다. 그러나 주식 시장에 처음 발을 들이면 그 복잡성과 변동성에 직면하게 됩니다. 이런 혼란과 두려움은 자연스러운 것이며, 성공을 위해서는 기술적인 지식뿐 아니라 올바른 '마인드셋'이 중요합니다.

　저 역시 주식 투자를 시작하면서 많은 시행착오를 겪었습니다. 주식 시장은 숫자와 차트로만 이루어진 세계가 아니며, 감정을 통제하고 불확실성을 받아들이는 것이 매우 중요하다는 것을 깨닫는 데 시간이 걸렸습니다. 투자란 단기적인 성과보다는 장기적인 안목을 가지고 꾸준히 성장하는 과정입니다. 예측할 수 없는 변동성 속에서도 흔들리지 않는 마음가짐이 성공적인 투자의 핵심 요소임을 알게 되었습니다.

　주식 시장은 항상 변동적이며, 이 속에서 우리의 감정은 쉽게 흔들릴 수 있습니다. 주식 가격이 하락할 때 공포에 휩싸여 잘못된 결정을 내리기 쉽고, 급등할 때에는 지나친 낙관에 빠져 무리한 투자를 할 위험이 있습니다. 올바른 마인드셋을 가진 투자자만이 냉정한 판단을 내리고 장기적인 성공을 위한 전략을 세울 수 있습니다.

주식 투자를 처음 시작하는 여러분이 흔들리지 않는 투자 마인드를 기를 수 있도록 돕기 위해 쓰였습니다. 주식의 기본 개념부터 시장 분석, 리스크 관리, 그리고 장기적인 성공을 위한 원칙까지, 다양한 상황에 대한 실질적인 조언을 제공합니다. 각 장마다 워런 버핏, 벤저민 그레이엄, 피터 린치 등 성공적인 투자자들의 철학을 통해 그들의 원칙을 배울 수 있습니다.

초보자들이 필요한 투자 지식을 전달하며, 성공적인 투자를 위한 심리적 준비와 마인드셋을 기르는 데 중점을 둡니다. 불확실한 시장 상황에서 감정을 통제하고, 긴 호흡으로 투자를 이어가는 법을 배울 수 있을 것입니다. 기본 개념을 간단히 설명한 후 점차 심화된 내용을 다루어 부담 없이 이해할 수 있도록 구성했으며, 중요한 내용을 반복적으로 언급해 투자에 대한 감각을 익히도록 했습니다.

주식 투자는 누구나 할 수 있지만, 성공하는 투자는 아무나 할 수 없습니다. 성공적인 투자자가 되기 위해서는 올바른 마인드를 가지고 꾸준히 배우고 성장해야 합니다. 여러분이 주식 시장에서 자신만의 길을 찾고, 흔들리지 않는 마인드를 기르는 데 든든한 안내서가 되기를 바랍니다.

백광석

CONTENTS

머리말   4

PART 1
주식 투자의 이해

1장 주식 투자의 기본 개념

주식이란 무엇인가?   12

주식 시장의 역할과 구조   15

주식 투자에서 마인드셋의 중요성   19

거장들의 투자 마인드와 철학 워런 버핏   23

2장 왜 주식 투자가 중요한가?

주식 투자의 필요성과 목적   28

자산 증식과 주식의 관계   33

투자의 마인드가 투자 성과에 미치는 영향   38

거장들의 투자 마인드와 철학 벤저민 그레이엄   43

PART 2 ——————————————————————
주식 투자 마인드셋 기르기

3장 성공적인 투자를 위한 마인드셋

　　투자자의 심리적 준비　　　　　　　　　　　　　　48

　　불확실성에 대처하는 법　　　　　　　　　　　　　52

　　감정에 휘둘리지 않는 법　　　　　　　　　　　　57

　　거장들의 투자 마인드와 철학　피터 린치　　　　63

4장 장기적 관점에서 투자하기

　　단기 수익에 대한 집착 버리기　　　　　　　　　　68

　　시장 변동성에 대한 이해와 대처　　　　　　　　　73

　　장기적으로 성공하는 투자자의 마인드셋　　　　　78

　　거장들의 투자 마인드와 철학　찰리 멍거　　　　83

PART 3 ——————————————————————
주식 시장 분석과 투자 방법

5장 시장 분석과 마인드셋

　　경제 지표와 주가 변동성 이해하기　　　　　　　　90

　　뉴스와 정보에 휘둘리지 않는 법　　　　　　　　　95

　　투자 전략에 맞는 시장 분석 방법　　　　　　　　100

　　거장들의 투자 마인드와 철학　존 보글　　　　105

6장 기업 분석과 주식 선택

기업의 가치를 평가하는 기본 원칙 110

마인드셋에 맞춘 주식 선택 전략 116

리스크 관리와 분산 투자 122

거장들의 투자 마인드와 철학 조지 소로스 127

PART 4 ──────────────────
주식 매매와 리스크 관리

7장 주식 매매 시 가져야 할 마음가짐

매수와 매도의 결정 기준 134

이익 실현과 손실 관리에서의 마인드셋 140

성공적인 매매 습관 기르기 145

거장들의 투자 마인드와 철학 레이 달리오 151

8장 리스크 관리와 마인드셋

리스크를 받아들이는 마음가짐 156

분산 투자와 안정성의 중요성 162

하락장에서 냉정하게 대응하는 법 169

거장들의 투자 마인드와 철학 칼 아이칸 175

PART 5 —————————————————————
지속 가능한 투자 성공법

9장 변하지 않는 투자 원칙과 마인드

주식 시장에서 성공하는 투자자의 사고방식   182

투자의 원칙을 지키는 힘   187

경험에서 배우는 주식 투자의 지혜   193

거장들의 투자 마인드와 철학 스탠리 드러켄밀러   199

10장 장기적으로 성공하는 투자 마인드셋

끊임없는 학습과 성장   204

실패를 기회로 삼는 법   211

주식 투자의 궁극적인 목표 설정   218

거장들의 투자 마인드와 철학 필립 피셔   225

PART 1

주식 투자의 이해

1장

●

주식 투자의 기본 개념

주식은 기업의 소유권을 나타내는 증서로, 투자자는 주식을 통해 기업에 투자할 수 있습니다.
주식 시장은 기업이 자본을 모으고, 투자자가 수익을 얻는 장입니다. 주식 투자를 시작할 때는 올바른 마인드셋이 필수적입니다.

 시장의 변동에 휘둘리지 않고 장기적인 관점을 유지하는 것이 중요합니다. 주식은 단순한 투자가 아닌 기업과의 동행을 의미합니다. 이를 통해 투자자는 자산 증식을 목표로 할 수 있습니다.

주식이란 무엇인가?

주식은 회사가 자금을 모으기 위해 발행하는 일종의 증서입니다. 회사가 사업을 확장하거나 새로운 프로젝트를 시작할 때, 자금이 필요합니다. 이때 회사는 두 가지 방법으로 자금을 모을 수 있습니다. 하나는 은행에서 돈을 빌리는 것이고, 다른 하나는 주식을 발행해 투자자들로부터 돈을 모으는 것입니다. 주식을 산다는 것은 그 회사의 일부분을 소유하게 된다는 뜻입니다.

쉽게 말해, 주식은 회사의 소유권을 아주 작은 단위로 나눈 것입니다. 만약 당신이 어떤 회사의 주식을 산다면, 당신은 그 회사의 일부를 소유하게 되는 것입니다. 비록 그 소유권의 비율은 아주 작을 수 있지만, 중요한 점은 회사가 성공할 때, 당신도 이익을 얻게 된다는 것입니다. 회사가 잘 되면 주식의 가치가 올라가고, 주식을 더 높은 가격에 팔 수 있습니다. 반대로 회사가 어려움을 겪으면 주식의 가치가 떨어지고, 손실을 볼 수도 있습니다.

주식은 크게 두 가지 이점을 제공합니다. 첫 번째는 **배당금**입니다. 회사가 이익을 내면 주주들에게 이익의 일부를 배당금 형태로 지급할 수 있습니다. 배당금은 정기적으로 지급되기도 하고, 회사의 재정 상황에 따라 달라지기도 합니다. 두 번째는 **자본 이득**입니다. 주식을 싸게 사서 비싸게 팔았을 때 생기는 이익을 말합니다. 주가가 오를 때 주식을 팔면 그 차익이 자본 이득이 되는 것입니다.

주식을 발행하는 이유는 회사가 자금을 빠르게 확보할 수 있기 때문입니다. 대신, 회사는 주주들에게 소유권의 일부를 넘기며, 주주들은 회사가 성장할 때 그 이익을 함께 나누게 됩니다. 주식을 사는 사람, 즉 투자자는 회사가 성장하기를 기대하면서 그 회사의 미래 가치를 보고 투자하는 것입니다.

주식은 증권거래소에서 거래됩니다. 코스피(KOSPI)나 코스닥(KOSDAQ)과 같은 증권거래소에서 주식이 거래되며, 투자자는 이곳에서 원하는 주식을 사고팔 수 있습니다. 주식의 가격은 매일 변동합니다. 이는 회사의 실적, 경제 상황, 글로벌 이슈 등 여러 요인에 의해 영향을 받기 때문입니다. 예를 들어, 회사가 신제품을 성공적으로 출시하면 주식 가격이 오를 수 있고, 반대로 나쁜 소식이 있으면 주식 가격이 떨어질 수 있습니다.

주식 투자는 단순히 주식을 사고파는 행위에 그치지 않습니다. 이는 투자자의 미래를 설계하고, 자산을 증식하는 방법 중 하나입니다.

주식을 보유함으로써 그 회사의 성공에 동참하게 되고, 그 회사의 성장이 투자자의 자산 증식으로 이어질 수 있습니다. 하지만 동시에 리스크가 따릅니다. 주가가 오를 때 이익을 얻을 수 있지만, 반대로 주가가 하락하면 손실을 볼 수도 있습니다. 따라서 주식 투자에서 중요한 것은 회사의 가치를 제대로 평가하고, 장기적인 관점에서 투자를 지속할 수 있는 마인드셋을 가지는 것입니다.

이처럼 주식은 회사와 투자자 모두에게 중요한 자금 조달 및 투자 수단입니다. 회사는 필요한 자금을 빠르게 모을 수 있고, 투자자는 그 회사의 성공에 따라 이익을 나눌 수 있는 기회를 얻습니다.

주식 시장의 역할과 구조

주식 시장은 회사들이 자금을 모으고, 투자자들이 그 회사에 투자할 수 있는 중요한 플랫폼입니다. 주식 시장을 이해하기 위해서는 그 역할과 구조를 잘 아는 것이 중요합니다. 간단히 말해, 주식 시장은 주식을 사고파는 사람들이 모여 거래를 하는 장소입니다. 여기에는 두 가지 주요 기능이 있습니다. **자금 조달과 투자자 보호**입니다.

먼저, **자금 조달** 역할을 설명하자면, 주식 시장은 회사가 사업을 확장하거나 새로운 프로젝트에 필요한 자금을 모으는 장소입니다. 회사는 주식을 발행해 투자자들에게 팔고, 그 대가로 자금을 받습니다. 예를 들어, A라는 회사가 신제품을 개발하기 위해 100억 원이 필요하다고 가정해 봅시다. 이때 회사는 은행에서 돈을 빌리기보다 주식을 발행해 투자자들에게 판매함으로써 필요한 자금을 조달할 수 있습니다. 이를 통해 회사는 금융 부담을 덜고, 주주들에게 회사의 일부 소유권을 나눠 주는 방식으로 자금을 모을 수 있습니다.

두 번째는 **투자자 보호**입니다. 주식 시장은 단순히 돈을 주고받는 거래 장소가 아니라, **투명하고 공정한 거래**를 보장하는 역할도 합니다. 주식 시장에 상장된 회사들은 투자자들에게 중요한 정보를 공개해야 하며, 이러한 정보를 바탕으로 투자자들은 더 나은 투자 결정을 내릴 수 있습니다. 예를 들어, 상장된 회사는 정기적으로 재무제표*를 공개하고, 이익이

재무제표
기업의 재무 상태와 경영 성과를 나타내는 중요한 문서

나 손실에 대한 정보를 제공합니다. 이를 통해 투자자들은 회사의 현재 상황을 파악하고, 신뢰할 수 있는 데이터를 바탕으로 투자를 할 수 있습니다. 또한 주식 시장을 관리하는 기관들은 불법적인 내부 거래*나 주가 조작을

내부 거래
회사의 내부자(임원, 이사, 직원 등)가 비공식적으로 알게 된 중요한 정보를 바탕으로 주식을 매매하는 행위

방지하기 위한 규정을 마련해 투자자를 보호합니다.

주식 시장의 구조는 크게 두 가지로 나눌 수 있습니다. **1차 시장**과 **2차 시장**입니다.

1차 시장은 주식이 처음으로 발행되는 시장입니다. 회사가 새로운 주식을 발행하여 투자자에게 판매할 때, 그 거래는 1차 시장에서 이루어집니다. 예를 들어, 어떤 회사가 처음으로 주식을 발행하는 것을

IPO**(기업공개)**라고 합니다. IPO를 통해 회사는 주식을 일반 투자자들에게 판매하고, 그 대가로 자금을 받습니다. 이 과정에서 회사는 더 많은 자본을 확보할 수 있으며, 그 자본을 통해 사업을 확장하거나 운영 자금으로 사용할 수 있습니다.

2차 시장은 이미 발행된 주식이 투자자들 사이에서 거래되는 시장입니다. 쉽게 말해, 주식이 1차 시장에서 발행된 후, 투자자들끼리 주식을 사고파는 장소가 바로 2차 시장입니다. 우리가 흔히 알고 있는 증권거래소에서의 거래가 바로 여기에 해당합니다. 예를 들어, 어떤 투자자가 삼성전자 주식을 사고팔 때, 그 거래는 2차 시장에서 이루어집니다. 2차 시장은 주식의 유동성을 제공합니다. 즉, 투자자들이 주식을 사고팔 수 있는 기회를 제공함으로써, 언제든지 투자 자금을 현금화할 수 있게 합니다.

주식 거래소는 주식 시장의 중요한 축입니다. 우리나라에는 코스피(KOSPI)와 코스닥(KOSDAQ)이라는 대표적인 주식 거래소가 있습니다. 코스피는 대형 기업들의 주식이 주로 거래되는 시장이며, 코스닥은 중소형 기업들의 주식이 주로 거래되는 시장입니다. 이 거래소에서는 주식의 가격이 실시간으로 변동하며, 투자자들은 이곳에서 자신이 원하는 주식을 매수하거나 매도할 수 있습니다. 주식의 가격은 수요와 공급에 따라 변동합니다. 예를 들어, 특정 회사의 주식을 사고 싶어 하는 사람이 많아지면 주가가 오르고, 반대로 팔려는 사람이 많으면 주가가 떨어집니다.

또한 주식 시장은 브로커를 통해 거래가 이루어집니다. 투자자는 직접 주식을 거래할 수 없기 때문에, 증권사라는 중개업체를 통해 거래를 합니다. 증권사는 투자자의 주문을 받아 주식을 사고팔 수 있게 도와줍니다. 오늘날 대부분의 주식 거래는 온라인으로 이루어지며, 투자자들은 스마트폰 앱이나 컴퓨터를 통해 실시간으로 거래할 수 있습니다.

주식 시장의 또 다른 중요한 구조는 규제 기관입니다. 우리나라에서는 금융감독원*과 한국거래소*가 대표적인 규제 기관으로, 이들은 주식 시장의 공정성을 보장하고 투자자들을 보호하는 역할을 합니다. 이

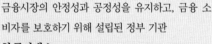

금융감독원
금융시장의 안정성과 공정성을 유지하고, 금융 소비자를 보호하기 위해 설립된 정부 기관
한국거래소
주식, 채권, 파생상품 등의 거래를 위한 플랫폼을 제공하는 기관으로, 한국의 주요 증권 거래소

기관들은 회사들이 주식을 발행할 때 규정에 맞게 투명하게 정보를 공개하고, 불법적인 거래가 발생하지 않도록 감시합니다.

주식 시장은 회사가 자금을 조달하고, 투자자들이 투자를 통해 자산을 증식할 수 있는 중요한 공간입니다. 또한 투명한 정보 공개와 공정한 거래를 보장함으로써 투자자들이 안심하고 주식을 거래할 수 있는 환경을 제공합니다. 주식 시장의 역할과 구조를 이해하는 것은 성공적인 주식 투자의 첫걸음입니다.

주식 투자에서 마인드셋의 중요성

주식 투자에서 성공하려면 단순히 돈을 투자하는 것만으로는 부족합니다. 주식 투자는 장기적으로 매우 복잡하고 변동성이 큰 시장에서 이루어지기 때문에, 무엇보다도 중요한 것은 바로 마인드셋입니다. 마인드셋이란, 투자자가 갖고 있는 **심리적 태도와 사고방식**을 말합니다. 주식 시장의 불확실성과 변동성에 맞서기 위해서는 올바른 마인드셋을 가지는 것이 필수적입니다.

주식 시장은 예측할 수 없는 다양한 요소에 영향을 받습니다. 경제 상황, 기업의 실적 발표, 정치적 사건, 심지어는 자연재해와 같은 변수까지 주가에 영향을 미칠 수 있습니다. 이러한 환경 속에서 올바른 마인드셋을 갖추지 못한 투자자는 쉽게 감정에 휘둘리고, 잘못된 결정을 내리기 쉽습니다.

1. 감정에 휘둘리지 않는 태도

주식 시장에서 가장 흔한 실수 중 하나는 **감정적 투자**입니다. 주식의 가격이 급등하면 많은 투자자들이 '기회를 놓치지 않겠다'는 생각에 따라 주식을 서둘러 사들이고, 반대로 가격이 급락하면 공포에 사로잡혀 손해를 감수하면서도 주식을 서둘러 팔아버리곤 합니다. 이러한 감정적 반응은 장기적으로 손실을 초래할 가능성이 큽니다. 주식 투자는 단기적 변동성에 지나치게 반응하는 것이 아니라, 장기적 안목을 가지고 신중하게 접근해야 합니다. 따라서 감정에 휘둘리지 않고 냉정하게 시장을 바라보는 마인드셋이 필요합니다.

2. 장기적 관점 유지

주식 투자에서 **단기적 성과**에 집착하면 큰 실수를 저지를 수 있습니다. 많은 초보 투자자들이 주식의 가격이 오르자마자 빠르게 이익을 실현하려 하거나, 반대로 손실이 발생하자마자 주식을 팔고 나가는 경향이 있습니다. 하지만 주식 투자는 대부분의 경우 **장기적인 시각**을 가지고 접근해야 합니다. 왜냐하면 주식 시장은 단기적으로는 예측하기 힘든 변동을 겪을 수 있지만, 장기적으로는 경제 성장과 함께 상승할 가능성이 크기 때문입니다. 주가가 잠시 하락하더라도, 회사의 기본적인 가치가 변하지 않았다면, 장기적으로는 회복될 가능성이 있습니다. 이런 상황에서 불안해하지 않고, 믿음을 갖고 투자할 수 있는 **장기적 마인드셋**이 필수적입니다.

3. 리스크를 수용하는 태도

주식 투자에는 항상 **리스크**가 따릅니다. 시장은 예측할 수 없는 방향으로 움직일 수 있으며, 때로는 자신이 예측한 것과 완전히 반대의 결과가 나올 수도 있습니다. 이때 리스크를 받아들이고 이에 맞게 전략을 조정하는 능력은 투자에서 매우 중요합니다. 리스크를 피하려고만 하다 보면, 오히려 더 큰 기회를 놓칠 수도 있습니다. 중요한 것은 자신이 감당할 수 있는 리스크 범위를 명확히 설정하고, 그에 맞는 결정을 내리는 것입니다. 즉, 리스크를 무조건 회피하는 것이 아니라, **리스크를 관리하는 마인드셋**을 가지는 것이 필요합니다.

4. 끊임없는 학습과 성장

주식 시장은 계속해서 변화하고, 새로운 정보와 기술이 나타납니다. 따라서 **끊임없이 학습**하는 자세가 중요합니다. 경제 지표[*]나 기업 분석 방법, 세계 경제

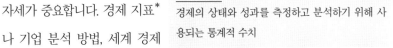

경제 지표
경제의 상태와 성과를 측정하고 분석하기 위해 사용되는 통계적 수치

흐름 등 다양한 지식을 습득하는 과정에서, 투자자는 보다 나은 결정을 내릴 수 있습니다. 또한 과거의 투자 실수를 분석하고, 이를 교훈 삼아 앞으로의 투자 전략을 개선하는 것도 중요한 부분입니다. 주식 투자에서 성공하는 사람들은 결코 자신이 완벽하다고 생각하지 않고, 계속해서 배우고 성장하는 마인드셋을 가지고 있습니다.

5. 인내와 절제

주식 투자에서 **인내심**과 **절제력**은 매우 중요한 덕목입니다. 주식의 가격이 오르지 않더라도, 자신이 세운 계획과 원칙을 따르며 기다리는 인내심이 필요합니다. 또한 시장의 과도한 변동성에 흔들리지 않고, 투자 전략을 꾸준히 유지하는 절제력도 중요합니다. 대부분의 성공적인 투자자들은 자신의 계획을 신뢰하고, 인내하며, 충동적인 결정을 피하는 절제력을 발휘합니다.

주식 투자에서 마인드셋은 성공 여부를 결정짓는 핵심 요소입니다. 감정에 휘둘리지 않고, 장기적인 시각을 유지하며, 리스크를 관리하고, 끊임없이 학습하고, 인내심을 발휘할 수 있는 투자자는 결국 주식 시장에서 성공할 가능성이 높습니다. 주식 투자에서 마인드셋을 제대로 갖추는 것은 단순한 기술보다 더 중요할 수 있습니다.

거장들의 투자 마인드와 철학

워런 버핏

워런 버핏은 세계적으로 가장 성공적인 투자자로 알려져 있습니다. 그의 투자 마인드는 간단하면서도 매우 강력합니다. **가치 투자**라는 철학을 중심으로, 버핏은 단기적인 시장 변동에 흔들리지 않고 기업의 장기적인 가치를 중시하는 투자를 합니다.

워런 버핏의 투자 마인드

1. 장기적인 관점

버핏은 주식을 '단기적인 가격 움직임이 아닌 장기적인 비즈니스의 소유'로 바라보았습니다. 좋은 기업의 주식을 매수한 후에는 가격이 오르든 내리든 팔지 않고 오랫동안 보유하는 것을 원칙으로 삼았습니다. 주식시장의 단기적인 소음에 흔들리지 않고, 기업의 근본적인 가치가 성장할 것을 믿고 기다리는 것이 그의 성공 비결 중 하나입니다. 그는 주식 거래보다는 좋은 기업과 함께 성장하는 것을 목표로 삼았고, 주식 보유를 무한한 시야로 바라보았습니다.

2. 가치에 초점을 맞춘 투자

버핏은 투자할 때 기업의 내재 가치를 가장 중요하게 생각했습니다. 이는 기업의 수익성, 경영진의 능력, 시장에서의 입지 등을 종합적으로 평가하는 방식입니다. 단순히 현재의 주가가 싼지 비싼지에만 집중하는 것이 아니라, 그 기업이 향후 수년간 얼마나 성장할 가능성이 있는지에 대해 깊이 분석했습니다. 그래서 시장이 과민 반응하여 주가가 하락했을 때, 좋은 기업의 주식을 저렴하게 매수하는 기회를 적극적으로 활용했습니다.

3. 감정 통제

버핏의 가장 큰 강점 중 하나는 감정에 휘둘리지 않는다는 점입니다. 주식 시장은 때때로 크게 출렁거리는데, 버핏은 공포나 탐욕 같은 감정에 이끌리지 않고 냉정하게 판단하는 능력을 보여주었습니다. 그는 '다른 이들이 두려워할 때 탐욕을 부리고, 탐욕스러울 때 두려워하라'는 말로 유명한데, 이는 시장의 변동성에 따라 감정적으로 반응하는 대신, 냉철하게 분석하고 결정하는 것이 중요하다는 뜻입니다. 그는 투자에서 감정이 아닌 데이터를 바탕으로 결정하는 것이 성공의 핵심임을 강조했습니다.

워런 버핏의 투자 철학

1. 단순함의 힘

버핏의 투자 철학은 복잡하지 않습니다. 그가 강조하는 것은 '이해하기 쉬운 비즈니스에 투자하라'는 것입니다. 너무 복잡하거나 잘 알지 못하는 산업에는 투자하지 않는다는 원칙을 가지고 있죠. 이는 초보자들에게도 유용한 교훈입니다. 자신이 이해하는 범위 내에서 안정적인 기업에 투자하는 것이 장기적인 성공을 보장하는 방법입니다.

2. 안전 마진

버핏의 스승인 벤저민 그레이엄의 철학을 따른 버핏은 항상 안전 마진을 강조했습니다. 이는 주식을 매수할 때, 그 주식의 내재 가치보다 더 낮은 가격에 사는 것을 의미합니다. 이렇게 하면 시장이 하락하더라도 손해를 최소화할 수 있기 때문입니다.

3. 미래 수익을 예측하기보다는 기업의 질을 본다

버핏은 미래의 주가를 예측하려 하기보다는, 기업 자체의 경쟁력과 질을 중시합니다. 좋은 기업은 일시적인 어려움이 있더라도 장기적으로는 회복하고 더 성장할 수 있기 때문에, 그의 전략은 주식의 일시적인 등락에 연연하지 않는 것입니다.

워런 버핏의 투자 마인드는 매우 간단하지만 강력합니다. 장기적인 관점에서 좋은 기업을 찾아 투자하고, 시장 변동성에 흔들리지 않으며, 항상 기업의 내재 가치를 평가하는 것이 그의 철학입니다. 이러한 사고방식은 주식 투자에서 성공하기 위해 초보자들이 꼭 배워야 할 핵심입니다.

2장

왜 주식 투자가 중요한가?

주식 투자는 자산을 증식하는 중요한 수단입니다. 예금과 달리, 주식은 기업의 성장을 통한 높은 수익을 기대할 수 있습니다. 자산 증식의 핵심은 장기적이고 안정적인 투자를 통해 이루어 집니다.

투자자는 자신의 목적을 명확히 하고, 이를 달성하기 위한 계획을 세워야 합니다. 마인드셋이 잘 정립되어 있으면, 변동성 속에서도 흔들리지 않고 투자할 수 있습니다. 투자자의 마인드가 성과에 큰 영향을 미칩니다.

주식 투자의 필요성과 목적

주식 투자는 단순히 돈을 벌기 위한 방법일 뿐만 아니라, 장기적인 자산 증식과 재정적인 안정을 위한 중요한 수단입니다. 그렇다면 왜 주식 투자가 중요한지, 그리고 어떤 목적을 가지고 투자를 해야 하는지 자세히 살펴보겠습니다.

1. 자산 증식의 효과적인 방법

주식 투자는 개인이 자산을 불리는 가장 효과적인 방법 중 하나입니다. 은행 예금이나 채권 같은 전통적인 금융 상품은 비교적 안전하지만, 수익률이 낮습니다. 반면, 주식은 변동성이 크지만 장기적으로 봤을 때 훨씬 높은 수익률을 기대할 수 있습니다. 예를 들어, 역사적으로 주식 시장은 평균적으로 **연간 7~10%의 수익률**을 보여왔습니다. 이는 은행 이자율이나 물가 상승률보다 높은 수익을 기대할 수 있는 수치입니다.

장기적인 자산 증식을 원한다면, 주식 투자가 필수적입니다. 시간의 흐름에 따라 복리의 힘이 작용하면서 초기 투자금이 크게 불어날 수 있습니다. 예를 들어, 1000만 원을 연 8% 수익률로 30년간 투자하면, 약 1억 원 이상의 자산으로 성장할 수 있습니다. 이처럼 주식 투자는 장기적으로 자산을 증식할 수 있는 효과적인 방법입니다.

2. 경제 성장에 참여하는 기회

주식 투자는 개인이 경제 성장에 직접적으로 참여하는 방법이기도 합니다. 주식 시장은 단순히 주식 가격의 등락을 바라보는 것이 아니라, 각 기업들이 성장하는 과정에 투자자가 함께 참여하는 것입니다. 성공적인 기업은 혁신과 성장을 통해 이익을 창출하며, 주식을 보유한 투자자들은 그 이익의 일부를 나누어 가집니다.

예를 들어, 삼성전자와 같은 대기업은 제품을 개발하고 시장을 확장하면서 큰 성과를 냅니다. 이런 회사에 투자한 투자자들은 주가 상승과 배당금으로부터 이익을 얻을 수 있습니다. 이는 단순한 주식 거래 이상의 의미로, 기업의 성장을 통해 경제 전반의 발전에도 기여하는 것입니다. 즉, 주식 투자자는 경제의 성장과 함께 자신의 자산도 성장시킬 수 있습니다.

3. 물가 상승에 대한 대응

물가 상승, 즉 **인플레이션**은 돈의 가치를 떨어뜨립니다. 예를 들어, 오늘 100만 원으로 살 수 있는 물건을 10년 후에는 더 많은 돈을 줘야 살 수 있을 수 있습니다. 이처럼 인플레이션은 우리의 자산 가치를 지속적으로 갉아먹습니다. 주식 투자는 인플레이션에 대응하는 하나의 중요한 수단입니다.

왜냐하면, 주식은 기업의 소유권을 의미하고, 기업은 인플레이션 상황에서도 상품 가격을 조정하거나 비용을 절감하는 방식으로 수익을 유지하려 합니다. 따라서 물가가 상승해도 기업이 성장하는 한, 주식의 가치는 장기적으로 상승할 가능성이 큽니다. 주식 투자자는 이를 통해 인플레이션으로 인한 자산 가치 하락을 막을 수 있습니다.

4. 다양한 투자 기회 제공

주식 투자는 다양한 투자 기회를 제공합니다. 주식 시장에는 대형주, 중소형주, 배당주, 성장주 등 다양한 종류의 주식이 있으며, 투자자는 자신의 재무 목표와 리스크 감내 수준에 맞게 포트폴리오를 구성할 수 있습니다. 예를 들어, 안정적인 배당을 기대하는 투자자는 대기업의 배당주를 선택할 수 있고, 고수익을 기대하는 투자자는 기술 성장주에 투자할 수 있습니다.

이처럼 주식 투자에서는 자신의 재정 상황과 투자 목표에 맞춰 선택할 수 있는 다양한 옵션이 있습니다. 이러한 선택의 폭은 개인의 재정 목표를 달성하는 데 매우 유리한 요소입니다. 다양한 투자 전략을 통해 수익을 극대화하고, 리스크를 관리할 수 있기 때문에 주식 투자는 매우 유연한 투자 방법입니다.

5. 자유와 재정적 독립

많은 사람들이 주식 투자를 통해 재정적 독립을 꿈꿉니다. 주식 투자를 통해 충분한 자산을 모으면, 직장에서 받는 월급에 의존하지 않고도 자유롭게 살 수 있는 기회를 얻게 됩니다. 이는 단기적인 목표보다 장기적인 자산 증식을 위한 방법으로서 주식 투자가 중요한 이유입니다. 퇴직 후에도 안정적인 수입원을 제공받을 수 있다는 점에서, 주식 투자로 인해 인생의 여러 중요한 목표를 이룰 수 있습니다.

주식 투자는 단순한 투기나 도박이 아니라, 자산을 증식하고 경제 성장에 참여하며 인플레이션에 대응하고 재정적 독립을 달성하기 위한 중요한 수단입니다. 올바른 마인드셋을 가지고 장기적인 관점에서 접근한다면, 주식 투자는 안정적이고 효율적인 자산 증식 방법이 될 수 있습니다.

자산 증식과 주식의 관계

자산 증식을 위해 주식 투자가 중요한 이유는 간단합니다. 주식은 장기적으로 높은 수익률을 제공하는 가장 효율적인 투자 수단 중 하나이기 때문입니다. 은행 예금이나 채권과 같은 안전한 투자 수단은 안정적이긴 하지만, 수익률이 매우 낮습니다. 반면, 주식은 기업의 성장과 함께 자산을 크게 불릴 수 있는 잠재력을 제공합니다.

1. 장기적인 성장 잠재력

주식 시장은 단기적으로는 매우 변동성이 큽니다. 주가는 경제 상황, 기업의 실적, 정치적 이슈 등 다양한 요인에 의해 매일 변동할 수 있습니다. 하지만, 이러한 단기적인 변동성에도 불구하고, 주식 시장은 역사적으로 장기적인 성장 경로를 유지해왔습니다. 즉, 짧은 기간 동안 주가가 하락하더라도, 장기적으로는 경제 성장과 기업의 발전에 따라 주식의 가치가 증가하는 경향이 있습니다.

장기적인 관점에서 주식에 투자하는 것은 이러한 변동성을 이겨내고 꾸준한 성장을 누릴 수 있는 중요한 전략입니다. 예를 들어, 특정 주식이 1년 동안 큰 변동을 겪었다고 해서 그 주식이 나쁜 투자라고 단정할 수는 없습니다. 오히려 장기적으로는 기업의 성과와 경제 상황이 회복되면서 주식의 가치도 다시 상승할 가능성이 큽니다.

이렇게 장기적인 관점을 유지하면, 일시적인 하락에 흔들리지 않고 꾸준한 자산 증식을 목표로 할 수 있습니다. 이는 단기적인 시장 변동에 반응하기보다는 큰 흐름을 보고 투자하는 것이 장기적으로 더 높은 수익을 가져올 수 있다는 점을 보여줍니다.

2. 복리의 마법

주식 투자의 핵심은 **복리**입니다. 복리는 수익이 다시 재투자되어 더 큰 이익을 창출하는 과정입니다. 예를 들어, 연 8% 수익률로 1000만 원을 투자했을 때, 1년 후에는 80만 원의 이익을 얻게 됩니다. 이 이익을 다시 투자하면, 다음 해에는 1000만 원이 아니라 1080만 원에 대해 이익이 발생합니다. 이렇게 시간이 지날수록 자산은 복리의 힘에 의해 점점 더 빠르게 불어나게 됩니다.

많은 초보 투자자들이 복리의 효과를 간과하는데, 장기적으로 주식을 보유할수록 복리가 자산 증식에 큰 기여를 한다는 점을 기억하는 것이 중요합니다. 특히 젊을 때 주식을 시작하면, 시간이 지날수록 복리의 효과는 더욱 커집니다.

3. 기업의 성장과 함께 투자 수익 증가

주식은 회사의 소유권을 나누어 가진다는 의미입니다. 즉, 투자자는 자신이 투자한 회사의 성과와 함께 성장하는 것입니다. 예를 들어, 당신이 어느 회사의 주식을 소유하고 있다면, 그 회사가 새로운 제품을 출시해 성공하거나, 시장에서 점유율을 높여 수익을 올릴 때 주식의 가치도 상승하게 됩니다. 기업의 실적이 좋아질수록 주가는 오르고, 그만큼 투자자의 자산도 증식하게 되는 것입니다.

또한 배당금을 지급하는 기업에 투자하면, 주식 가격 상승뿐만 아니라 배당을 통해 추가적인 수익을 얻을 수 있습니다. 배당금은 회사가 이익을 창출했을 때 그 일부를 주주들에게 나눠주는 방식으로 지급됩니다. 이렇게 배당을 꾸준히 지급하는 기업에 투자하면 자산 증식의 속도를 더욱 높일 수 있습니다.

4. 인플레이션 대응

주식 투자는 **인플레이션**에 대한 대응책이 되기도 합니다. 인플레이션은 물가 상승을 의미하며, 이는 돈의 구매력을 떨어뜨리는 효과가 있습니다. 예를 들어, 오늘 100만 원으로 살 수 있는 물건을 10년 후에는 더 많은 돈을 줘야 살 수 있는 상황이 발생할 수 있습니다. 하지만 주식은 인플레이션 상황에서도 기업의 수익이 늘어날 가능성이 있기 때문에, 물가 상승에 따라 기업이 가격을 조정하거나 비용을 절감하는 등의 방법으로 이익을 유지할 수 있습니다. 주식을 보유한 투자자는 이를 통해 물가 상승에 따른 자산 가치 하락을 방지할 수 있습니다.

5. 다양한 투자 기회를 통한 분산 투자

주식 시장에는 다양한 기업이 상장되어 있고, 각각의 기업은 서로 다른 산업, 시장, 국가에서 활동합니다. 이를 통해 투자자는 여러 주식을 조합하여 **분산 투자**를 할 수 있습니다. 분산 투자는 리스크를 줄이고 자산을 안정적으로 증식할 수 있는 중요한 전략입니다.

예를 들어, 한 가지 산업에만 투자하는 것보다, 여러 산업에 걸쳐 다양한 주식을 보유하면 한 산업의 불황이 다른 산업의 호황에 의해 상쇄될 수 있습니다. 이를 통해 전반적인 포트폴리오의 성과를 안정적으로 유지할 수 있습니다. 분산 투자는 주식 시장의 변동성을 줄이는 데도 효과적입니다.

주식 투자는 자산 증식의 중요한 수단입니다. 주식은 장기적인 성장 잠재력과 복리 효과, 기업의 성장과 함께 자산을 증식할 수 있는 기회를 제공합니다. 또한 인플레이션에 대응하고, 다양한 투자 기회를 통해 리스크를 줄이면서 자산을 불릴 수 있습니다. 주식을 올바르게 이해하고 장기적인 관점에서 접근한다면, 자산을 효과적으로 증식할 수 있는 방법이 될 것입니다.

투자의 마인드가 투자 성과에 미치는 영향

주식 투자에서 가장 중요한 요소 중 하나는 **투자의 마인드셋**입니다. 주식 시장은 본질적으로 불확실성과 변동성을 동반하며, 그 안에서 꾸준한 성과를 내기 위해서는 올바른 사고방식과 태도를 갖는 것이 필수적입니다. 단순히 차트 분석이나 경제 지표만으로는 성공적인 투자를 보장할 수 없습니다. 투자의 마인드가 어떻게 투자 성과에 영향을 미치는지 알아보겠습니다.

1. 시장에 대한 현실적인 기대 설정

주식 시장에 입문할 때 많은 투자자들은 단기간에 큰 수익을 기대하는 경향이 있습니다. 하지만 이는 매우 위험한 접근입니다. 주식 시장은 장기적으로 꾸준히 성장할 수 있지만, 단기적인 변동성은 예측할 수 없으며, 특히 초보 투자자들에게는 큰 심리적 압박을 줄 수 있습니다. 따라서 투자자는 주식 시장에서 얻을 수 있는 현실적인 수익률을 이해하고, 무리한 기대를 버려야 합니다.

투자 성과는 시장의 기복을 이해하고, 이를 바탕으로 장기적인 목표를 세우는 데서 시작됩니다. 기대치를 지나치게 높게 설정하면, 실망이 커지고 잘못된 결정을 내릴 가능성이 커집니다. 주식 시장은 한 순간의 이익을 추구하기보다는, 경제 성장과 기업 실적을 바탕으로 천천히 자산을 불려가는 과정임을 인지하는 것이 중요합니다.

2. 감정적 투자에서 벗어나기

주식 투자에서 감정적인 반응은 성과에 부정적인 영향을 미칠 수 있습니다. 주가가 오를 때 과도한 기대감에 휩싸여 더 많은 주식을 매수하거나, 반대로 주가가 하락할 때 공포에 질려 손해를 보고 매도하는 경우가 많습니다. 이는 감정에 의해 결정된 투자가 대부분 실패로 이어지기 때문입니다.

이성적인 투자는 차분하고 냉정한 판단을 필요로 합니다. 시장의 급등이나 급락에 휘둘리지 않고, 자신만의 투자 전략과 계획을 유지하는 것이 중요합니다. 감정에 의해 주도된 투자는 시장의 본질적인 불확실성을 극복하지 못하며, 장기적인 성과에 악영향을 미칠 가능성이 큽니다.

3. 투자 원칙과 계획 수립

성공적인 투자자는 항상 명확한 **투자 원칙**을 세우고, 그 원칙을 고수합니다. 이는 자산 배분, 목표 수익률, 리스크 허용 범위 등을 포함한 포괄적인 계획을 뜻합니다. 투자 계획을 세우고 이를 일관되게 따르는 것은 투자 성과를 극대화하는 데 중요한 요소입니다.

예를 들어, 장기적인 목표를 설정하고 매년 꾸준히 일정 금액을 주식에 투자하는 전략을 세웠다면, 시장 변동에 따라 투자의 방식을 바꾸는 대신 계획을 지속적으로 실행하는 것이 중요합니다. 시장의 일시적인 하락은 장기적인 목표에 크게 영향을 미치지 않으며, 오히려 가격이 하락할 때 기회를 잡아 자산을 증대할 수 있는 기회가 될 수 있습니다.

4. 위험을 관리하는 마인드

주식 시장은 **위험 관리**가 필수적인 곳입니다. 모든 투자에는 리스크가 따르며, 이를 제대로 이해하고 관리하지 않으면 장기적으로 투자 성과가 나빠질 수 있습니다. 투자자들은 주식 투자에서 다양한 위험을 마주하게 되며, 이때 중요한 것은 위험을 피하는 것이 아니라, 이를 어떻게 효과적으로 다루느냐입니다.

위험 관리를 위해 포트폴리오를 다양화하는 것은 매우 중요한 전략 중 하나입니다. 특정 주식에 몰빵하는 대신 여러 주식이나 산업에 투자함으로써 리스크를 분산시키는 것입니다. 이렇게 하면, 한 주식의 성과가 좋지 않더라도 다른 주식들이 그 손실을 상쇄할 수 있습니다.

5. 목표와 인내의 중요성

주식 투자는 단기적인 이익보다 **장기적인 성과**를 바라봐야 합니다. 이때 중요한 것은 인내심과 꾸준함입니다. 시장이 불안정하거나 일시적인 손실이 발생했을 때, 많은 투자자들은 성급하게 포기하거나 매도 결정을 내리기 쉽습니다. 그러나 성공적인 투자자는 큰 그림을 보며 일관된 목표를 유지하는 것이 중요합니다.

단기적인 시장 변동은 언제든 발생할 수 있지만, 장기적인 경제 성장과 기업의 발전을 기반으로 주식 시장은 꾸준히 상승할 가능성이 큽니다. 인내심을 가지고 장기적인 목표에 집중하는 것이 결국 더 큰 성과로 이어질 수 있습니다. 투자 과정에서 일시적인 손실이나 위기를 겪을 수 있지만, 이를 극복하고 목표를 유지하는 것이 중요합니다.

6. 성공에 대한 신념과 유연성

성공적인 투자자는 **유연성**을 가지고 있습니다. 주식 시장은 항상 변화하며, 예측할 수 없는 상황이 발생할 수 있기 때문에, 투자자는 상황에 맞게 전략을 수정할 준비가 되어 있어야 합니다. 그러나 중요한 점은 일관된 투자 원칙을 유지하되, 그 원칙 안에서 변화하는 시장 환경에 유연하게 대처하는 것입니다.

또한, 투자자는 자신의 선택에 대한 **신념**을 가지고 있어야 합니다. 단기적인 변동에 흔들리기보다, 자신이 선택한 기업이나 산업에 대한 철저한 분석과 확신을 바탕으로 투자를 유지하는 것이 필요합니다.

투자의 마인드셋은 주식 시장에서의 성공과 실패를 가르는 중요한 요소입니다. 시장의 단기적인 변동에 흔들리지 않고, 장기적인 계획을 세워 꾸준히 실행하는 것이 투자 성과에 긍정적인 영향을 미칩니다. 또한 감정에 휘둘리지 않고, 위험을 관리하며, 인내심을 가지고 장기적인 목표에 집중하는 것이 중요합니다.

거장들의 투자 마인드와 철학

벤저민 그레이엄

벤저민 그레이엄은 현대 투자 이론의 창시자 중 한 명으로, 그의 투자 마인드와 철학은 **가치 투자**의 기초를 이룹니다. 그레이엄은 주식의 내재 가치를 평가하고, 시장의 단기적인 변동성에 휘둘리지 않으며, 장기적으로 안정적인 수익을 얻는 방법을 강조했습니다.

벤저민 그레이엄의 투자 마인드

1. 가치 투자

그레이엄의 핵심 철학은 가치 투자입니다. 이는 주식이 시장에서 일시적으로 과소평가될 때, 그 주식을 매수하고 장기적으로 보유하는 방식입니다. 주식의 실제 가치보다 가격이 낮게 책정되었을 때, 이를 매수하는 것이 그의 전략입니다. 주식 시장은 항상 합리적으로 움직이지 않기 때문에, 좋은 기업의 주식을 저렴한 가격에 살 기회를 제공한다고 보았습니다.

2. 안전 마진

그레이엄은 투자에 있어서 안전 마진의 중요성을 강조했습니다. 이는 주식의 내재 가치보다 훨씬 낮은 가격에 매수하는 것을 의미합니다. 이렇게 하면, 시장이 변동하더라도 투자자는 큰 손실을 피할 수 있습니다. 안전 마진을 확보하면, 예상치 못한 위험이 발생했을 때에도 손실을 최소화할 수 있습니다.

3. 시장 심리에 휘둘리지 않기

그레이엄은 시장이 감정에 따라 움직이는 경향이 있다고 보았습니다. 투자자들은 시장의 과민 반응이나 군중 심리에 휘둘리기 쉽기 때문에, 이를 통제하고 객관적인 시각을 유지하는 것이 중요하다고 강조했습니다. 그는 '시장(Mr. Market)'이라는 개념을 사용하여, 시장의 변동성이 투자 결정에 영향을 미쳐서는 안 된다는 점을 설명했습니다. 주식 시장이 오르든 내리든, 그레이엄은 시장을 무시하고 기업의 실제 가치를 기준으로 투자를 해야 한다고 주장했습니다.

벤저민 그레이엄의 투자 철학

1. 내재 가치에 대한 철저한 분석

그레이엄은 주식의 가격과 가치는 다르다고 보았습니다. 그는 주식의 내재 가치를 계산하는 데 있어 재무제표 분석과 기업의 수익성을 중요시했습니다. 단순히 주가의 등락에 의존하지 않고, 기업의 실질적인 재정 상태와 성장 가능성을 분석해 투자 결정을 내리는 것이 그의 철학이었습니다.

2. 장기적 관점

그레이엄의 투자 철학은 단기적인 수익보다는 장기적인 안정성을 중시합니다. 그는 시간이 지나면서 내재 가치가 시장에 의해 제대로 평가될 것이라고 믿었으며, 주식 시장의 일시적인 변화에 흔들리지 않고 장기적으로 보유하는 것을 추천했습니다.

3. 투자와 투기를 구분

그레이엄은 '투자'와 '투기'를 명확히 구분했습니다. 투자란 철저한 분석을 바탕으로 내재 가치가 있는 자산을 저렴한 가격에 매수하는 것이며, 투기는 단기적인 시세 차익을 노리는 행위라고 정의했습니다. 그는 진정한 투자는 언제나 안전성과 이익 가능성을 모두 고려해야 한다고 보았습니다.

벤저민 그레이엄은 내재 가치 분석과 안전 마진 확보를 중심으로 한 투자를 강조하며, 시장의 변동성에 흔들리지 않고 장기적 관점에서 기업을 평가해야 한다고 보았으며, 이러한 철학은 여전히 많은 투자자들에게 영향을 미치고 워런 버핏도 그레이엄의 가르침을 바탕으로 성공적인 투자를 이루었습니다.

PART 2

주식 투자 마인드셋 기르기

3장

성공적인 투자를 위한 마인드셋

투자를 시작하기 전, 심리적으로 준비가 되어 있어야 합니다.
주식 시장의 불확실성을 받아들이고 대처하는 방법을 익혀야
합니다.
투자 중 감정에 휘둘리면 손해를 볼 수 있습니다. 감정 조절은 성
공적인 투자의 핵심입니다.

시장의 변동에 냉정하게 대응하며 꾸준히 계획을 실행하는 것이
중요합니다. 투자 전 심리적 안정감을 갖추는 것이 필수입니다.

투자자의 심리적 준비

성공적인 주식 투자를 위해 투자자의 심리적 준비는 필수적입니다. 단순한 기술적 분석이나 재무 지표만으로는 주식 시장에서 장기적으로 성공하기 어렵습니다. 주식 투자에 있어 가장 중요한 것은 **심리적인 안정과 태도**입니다. 그럼 어떻게 하면 투자자가 심리적으로 잘 준비할 수 있을지, 조금 다른 각도에서 살펴보겠습니다.

1. 의사 결정의 명확성

주식 투자에서 성공적인 성과를 얻기 위해서는 명확한 **의사 결정 과정**이 필요합니다. 많은 투자자들이 시장 상황에 따라 즉흥적으로 결정을 내리곤 합니다. 그러나 이러한 즉흥적인 결정은 자주 실패로 이어집니다. 투자자는 자신의 투자 목표와 전략을 명확히 하고, 이와 맞지 않는 결정을 내리지 않도록 스스로를 제어해야 합니다. 시장의 변화에 민감하게 반응하는 대신, 자신의 목표를 잊지 않고 일관된 결정을 내리는 것이 중요합니다.

2. 손실에 대한 심리적 대비

주식 시장에서는 이익뿐만 아니라 손실도 필수적으로 경험하게 됩니다. 손실이 발생했을 때 이를 어떻게 받아들이느냐가 장기적인 성공을 좌우할 수 있습니다. **심리적 준비가 부족한 투자자**는 손실에 크게 동요하여 계획 없이 주식을 매도하는 경우가 많습니다. 그러나 준비된 투자자는 손실이 발생하더라도 이것을 '투자 과정의 일부'로 인식하며 냉정하게 다음 결정을 내릴 수 있습니다. 손실을 **재정적으로나 심리적으로 견딜 수 있는 범위** 안에서 감당하는 것이 중요한 이유입니다.

3. 기대치 관리

주식 시장에 진입할 때 많은 투자자들이 막연하게 높은 수익을 기대하거나, 투자한 지 얼마 되지 않아 큰 성과를 바라는 경우가 많습니다. 그러나 현실적으로 주식 투자는 **시간과 인내**가 필요한 작업입니다. 자신이 원하는 결과를 얻기 위해서는 꾸준한 노력이 필요하며, 예상보다 더 오래 걸릴 수도 있습니다. 이러한 **기대치를 현실적으로 조정**하지 않으면, 짧은 시간 내에 성과를 얻지 못했을 때 실망감이나 좌절감으로 인해 잘못된 결정을 내릴 수 있습니다.

4. 매매 빈도에 대한 자기 제어

많은 투자자들이 주식을 자주 사고파는 것을 좋은 전략으로 여길 때가 많습니다. 그러나 지나치게 빈번한 거래는 수익을 저해할 수 있으며, 오히려 수수료와 세금 등으로 인해 손실이 발생할 가능성이 높습니다. 투자자는 매매 빈도를 스스로 제어해야 하며, **장기적인 관점에서 기업의 성과와 성장성을 바라보는 전략**을 갖추는 것이 중요합니다. 시장의 작은 움직임에 반응해 자주 거래하지 않고, 보다 큰 목표를 향해 가는 것이 성과를 극대화하는 방법입니다.

5. 시장 흐름에 대한 지속적인 관심과 균형

주식 투자자는 **정보**에 민감해야 하지만, 지나치게 많은 정보에 얽매이지 않는 것이 중요합니다. 매일 경제 뉴스, 기업 실적, 분석 보고서 등을 체크하는 것은 필요하지만, 이러한 정보가 너무 많을 때 오히려 투자자가 혼란에 빠지거나 잘못된 결정을 내릴 수 있습니다. 따라서 중요한 정보에 대한 필터링 능력을 키우고, 시장의 흐름을 균형 있게 바라보는 태도가 필요합니다. 이를 통해 투자자는 정보의 홍수 속에서 흔들리지 않고 자신만의 투자 원칙을 지킬 수 있습니다.

6. 객관성 유지

주식 투자는 감정적으로 접근해서는 안 됩니다. 특히 자신이 좋아하거나 잘 아는 기업에 대해 **감정적 애착**을 갖고 투자하는 것은 위험할 수 있습니다. 투자자는 자신의 감정을 배제하고 **객관적인 데이터**와 정보를 바탕으로 의사 결정을 해야 합니다. 기업의 실적이 나빠졌음에도 불구하고 애착 때문에 주식을 계속 보유하는 것은 오히려 손실을 키울 수 있습니다. 항상 냉철한 판단을 유지하며 감정적 요인을 배제하는 것이 투자 성과에 긍정적인 영향을 줄 수 있습니다.

성공적인 주식 투자자는 냉정하고 일관된 태도로 투자에 임해야 합니다. 명확한 의사 결정, 손실에 대한 심리적 대비, 현실적인 기대치 설정, 매매 빈도 제어, 정보 필터링, 그리고 객관성을 유지하는 것이 투자 성과를 높이는 중요한 요소입니다. 투자 과정에서 이러한 심리적 준비가 되어 있다면, 불확실한 시장 상황에서도 흔들리지 않고 장기적인 성공을 거둘 수 있을 것입니다.

불확실성에 대처하는 법

주식 시장은 본질적으로 불확실성이 큰 환경입니다. 이는 경제 상황, 기업의 실적, 정치적 요인 등 여러 가지 요소에 의해 언제든지 변동할 수 있다는 뜻입니다. 성공적인 투자자가 되기 위해서는 이러한 불확실성에 대비하고, 이를 관리하는 법을 배워야 합니다. 불확실성 자체를 완전히 제거할 수는 없지만, 이를 대처하는 방법을 잘 알면 주식 투자에서 더 나은 결정을 내릴 수 있습니다. 그럼 주식 시장의 불확실성에 대처하는 방법을 알아보겠습니다.

1. 장기적인 관점 유지

주식 시장의 불확실성은 단기적으로는 예측하기 어렵습니다. 하루, 한 주, 한 달 동안 주식 시장이 어떻게 변할지 정확히 알 수 있는 사람은 없습니다. 하지만 장기적으로는 경제 성장과 기업의 발전에 따라 주식 시장은 상승하는 경향이 있습니다. 따라서 단기적인 변동성에 휘둘리지 않고 **장기적인 시각**을 유지하는 것이 중요합니다.

예를 들어, 경제가 일시적으로 침체기에 접어들면 주가가 떨어질 수 있지만, 경제가 회복되면 다시 상승할 가능성이 큽니다. 따라서 주식의 가치를 장기적으로 바라보며 꾸준히 투자하는 것이 불확실성에 대응하는 중요한 전략 중 하나입니다.

2. 분산 투자

분산 투자는 불확실성을 줄이는 가장 기본적이고 효과적인 방법 중 하나입니다. 한 가지 주식이나 산업에만 집중해서 투자하는 것은 큰 위험을 안고 가는 것과 같습니다. 특정 기업이나 산업이 예기치 않게 악화될 경우, 모든 자산을 잃을 위험이 커집니다. 따라서 다양한 기업, 산업, 심지어 국가에 분산 투자를 함으로써 리스크를 줄일 수 있습니다.

예를 들어, IT 기업 주식과 더불어 헬스케어, 금융, 소비재 등의 다양한 산업에 투자하면 특정 산업의 불황이 발생하더라도 다른 산업에서 성과를 낼 가능성이 높아집니다. 이렇게 분산 투자하면 시장의 변동성에 대한 위험을 최소화할 수 있습니다.

3. 유연한 투자 전략 설정

주식 시장의 불확실성에 효과적으로 대처하기 위해서는 유연한 투자 전략을 갖추는 것이 중요합니다. 고정된 계획이나 목표에 집착하기보다는, 시장 상황에 맞춰 전략을 적절히 조정하는 능력이 필요합니다.

예를 들어, 주식 시장이 예상치 못한 위기 상황에 접어들 때, 단순히 기존 계획만을 고수하는 것이 아니라, 상황에 맞춰 전략을 변경하는 것이 유리할 수 있습니다. 투자자들은 특정한 주식이나 산업에만 지나치게 몰두하지 않고, 시장 변화에 따라 포트폴리오를 유연하게 조정해야 합니다. 이는 새로운 기회를 잡을 수 있는 가능성을 열어주며, 불확실한 상황 속에서 리스크를 더 잘 관리할 수 있게 합니다.

또한, 유연성은 투자자의 심리적 안정에도 도움을 줍니다. 불확실한 상황에서 고정된 계획에 너무 얽매이면 스트레스가 커질 수 있지만, 유연한 전략을 가지고 있다면, 변화에 대처할 여유를 가질 수 있습니다. 중요한 것은 시장 상황이 바뀔 때마다 전략을 전면 수정하는 것이 아니라, 기본 원칙을 지키되 세부 사항은 시장의 흐름에 맞게 조정하는 것입니다.

4. 현금 비중 유지

주식 투자에서는 **현금 비중**을 유지하는 것도 중요한 전략입니다. 모든 자금을 주식에만 투자하면, 시장이 불확실한 상황에서 유연하게 대처하기 어렵습니다. 예를 들어, 경제 상황이 나빠질 때 일부 자금을 현금으로 보유하고 있다면, 하락장에서 좋은 기회가 있을 때 추가 매수를 할 수 있습니다.

현금을 어느 정도 보유하면 불확실한 상황에서도 빠르게 대응할 수 있으며, 주식 시장의 급격한 변동에도 보다 안정적인 포트폴리오를 유지할 수 있습니다.

5. 정보에 기반한 판단

불확실한 상황에서 투자 결정을 내릴 때는 감정에 휘둘리기보다 **객관적인 정보**에 근거해 판단하는 것이 중요합니다. 시장이 불안정할 때에는 뉴스나 루머에 지나치게 민감하게 반응하기보다는, 기업의 실적, 재무 상태, 산업 동향 등 **구체적인 데이터**를 바탕으로 투자 결정을 내리는 것이 필요합니다. 이를 통해 잘못된 정보에 휘둘리는 위험을 줄일 수 있습니다.

6. 리스크 관리

주식 시장의 불확실성을 완전히 제거할 수는 없지만, 이를 관리할 수는 있습니다. 리스크 관리는 투자 성과에 큰 영향을 미칩니다. 자신의 투자 성향에 맞는 리스크 허용 범위를 설정하고, 그 범위 안에서 전략을 세우는 것이 중요합니다. 예를 들어, 지나치게 높은 리스크를 감당하기보다는, 자신의 리스크 수용 능력에 맞는 투자를 하는 것이 장기적인 성공에 더 유리합니다.

주식 시장에서 불확실성은 피할 수 없는 부분입니다. 그러나 장기적인 시각을 유지하고, 분산 투자와 현금 비중을 통해 리스크를 관리하며, 감정에 휘둘리지 않고 정보에 기반한 판단을 내린다면, 불확실성 속에서도 성공적인 투자 결정을 할 수 있습니다. 주식 시장의 변동성은 위험이기도 하지만, 올바르게 대처하면 기회로 활용할 수 있는 요소이기도 합니다.

감정에 휘둘리지 않는 법

주식 시장에서 성공적인 투자를 위해 가장 중요한 것은 **감정에 휘둘리지 않는 태도**입니다. 시장은 변동성이 크고, 예기치 못한 상황이 자주 발생하기 때문에 투자자들은 두려움, 탐욕, 기대와 같은 감정에 의해 판단을 흐릴 수 있습니다. 하지만 이러한 감정적인 반응은 주식 투자에서 실패로 이어질 가능성이 큽니다. 그렇다면 어떻게 감정에 휘둘리지 않고 냉정하게 투자 결정을 내릴 수 있을지 살펴보겠습니다.

1. 투자 원칙을 세우고 그에 따라 행동하기

감정에 휘둘리지 않기 위한 가장 기본적인 방법은 **명확한 투자 원칙**을 세우고 그 원칙에 충실히 따르는 것입니다. 투자자는 시장의 상황에 따라 변동하는 감정에 따라 즉흥적으로 결정을 내리기 쉽습니다. 그러나 미리 세운 원칙이 있다면, 그 원칙을 기준으로 감정을 통제하고 논리적으로 투자할 수 있습니다.

예를 들어, 주식을 매수하거나 매도할 때 명확한 기준을 세우는 것입니다. '주가가 10% 상승하면 매도한다'거나, '기업 실적이 일정 수준에 도달하면 추가 매수한다'와 같은 구체적인 기준을 세우면, 시장의 갑작스러운 변동에도 감정적으로 대응하지 않고 계획에 따라 행동할 수 있습니다. 이러한 원칙은 감정에 흔들리지 않는 강력한 가이드라인이 될 수 있습니다.

2. 장기적인 목표에 집중하기

주식 투자는 단기적인 이익을 추구하기보다는 **장기적인 목표**를 설정하고 이를 성취하는 과정입니다. 단기적인 시장 변동에 집중하다 보면 주가의 작은 변동에 쉽게 영향을 받기 쉽고, 불안감이나 공포감이 커질 수 있습니다. 반대로 장기적인 목표를 명확히 설정하면, 일시적인 변동에 덜 민감해지고 보다 냉정하게 시장을 바라볼 수 있습니다.

예를 들어, 5년, 10년 후에 도달하고자 하는 자산 목표를 설정해 두면, 단기적인 주가 하락이나 일시적인 경제 위기에도 크게 흔들리지 않을 수 있습니다. 이러한 장기적인 관점은 감정적으로 불안해지지 않고 차분하게 투자 전략을 유지하는 데 중요한 역할을 합니다.

3. 꾸준한 정보 수집과 학습

감정적으로 휘둘리지 않기 위해서는 **정보와 지식**이 필요합니다. 불확실한 상황에서 충분한 정보가 없을 때 사람은 두려움이나 불안을 느끼기 쉽습니다. 하지만 기업의 재무제표, 산업 분석, 경제 동향 등에 대한 지식이 충분하다면, 정보에 기반한 결정을 내릴 수 있어 감정적인 반응을 최소화할 수 있습니다.

예를 들어, 특정 기업의 주가가 하락했다고 해도 그 기업의 장기적인 실적 전망이 긍정적이라는 정보를 가지고 있다면, 불안감에 서둘러 매도하는 대신 주식을 보유하거나 추가 매수할 수 있는 자신감을 가질 수 있습니다. 따라서 시장 동향이나 투자 대상에 대한 꾸준한 학습과 정보 수집은 감정에 흔들리지 않고 이성적으로 투자 결정을 내리게 하는 중요한 도구가 됩니다.

4. 포모(FOMO) 심리 극복

주식 시장에서 자주 나타나는 감정적인 반응 중 하나는 포모(FOMO : Fear Of Missing Out)입니다. 이는 '좋은 기회를 놓칠지도 모른다'는 불안감에 기반해 서둘러 주식을 매수하거나 매도하는 심리를 뜻합니다. 시장이 급등할 때 많은 투자자들이 FOMO에 사로잡혀 지나치게 높은 가격에 주식을 매수하거나, 남들이 매수할 때 불안감에 동참하게 됩니다. 반대로, 시장이 급락할 때는 공포에 휩싸여 저가에 주식을 처분하는 경우도 있습니다.

이런 FOMO를 극복하기 위해서는 남들의 행동이나 시장의 일시적인 변화에 휩쓸리지 않고, **자신만의 투자 원칙과 분석**을 믿고 따르는 것이 중요합니다. 남들이 무엇을 하는지에 집중하기보다는, 자신이 세운 목표와 계획에 충실할 때 FOMO로 인한 실수를 피할 수 있습니다.

5. 시장 변동성을 받아들이기

주식 시장의 본질은 **변동성**입니다. 주가가 상승하는 날도 있고, 하락하는 날도 있습니다. 투자자는 이러한 변동성을 피할 수 없기 때문에, 이를 자연스러운 현상으로 받아들이는 것이 중요합니다. 감정에 휘둘리지 않기 위해서는 시장의 변동성을 적대적인 요소로 보지 않고, 오히려 기회로 활용하는 마인드를 가질 필요가 있습니다.

예를 들어, 시장이 하락했을 때는 이를 기회로 보고 저점에서 주식을 매수하거나, 주가가 과도하게 상승했을 때는 차익 실현의 기회로 삼을 수 있습니다. 변동성 자체를 통제할 수 없다는 사실을 인정하고, 이를 투자 전략에 맞게 활용하는 것이 감정적인 반응을 줄이고 안정적인 투자 성과를 내는 데 도움이 됩니다.

6. 포트폴리오 점검

감정에 휘둘리지 않기 위한 또 하나의 방법은 **정기적인 포트폴리오 점검**입니다. 투자한 주식이 제대로 관리되고 있는지, 목표와 계획에 맞게 잘 운영되고 있는지 주기적으로 확인하는 것은 매우 중요합니다. 이를 통해 시장의 변동에 따른 일시적인 감정적 반응을 예방하고, 보다 전략적인 결정을 내릴 수 있습니다.

예를 들어, 분기별로 포트폴리오를 점검하여 지나치게 편중된 주식이나 과도한 리스크를 조정하면, 시장의 큰 변동성에도 차분하게 대응할 수 있습니다. 이렇게 정기적으로 포트폴리오를 관리하면 예상치 못한 상황에서도 감정에 흔들리지 않고 계획에 맞춰 투자를 유지할 수 있습니다.

주식 시장에서 감정에 휘둘리지 않는 것은 성공적인 투자에 필수적인 요소입니다. 투자 원칙을 세우고, 장기적인 목표에 집중하며, 꾸준한 정보 수집과 학습을 통해 이성적인 판단을 내리는 것이 중요합니다. 또한, 시장의 변동성을 기회로 활용하고, 정기적으로 포트폴리오를 점검함으로써 감정적 반응을 최소화할 수 있습니다. 이를 통해 안정적이고 지속적인 성과를 기대할 수 있습니다.

거장들의 투자 마인드와 철학

피터 린치

피터 린치는 전설적인 투자자로, 그의 투자 마인드는 **일상에서 기회를 발견하는 것과 철저한 리서치를 기반으로 한 투자**로 잘 알려져 있습니다. 린치는 오랜 시간 동안 '마젤란 펀드(Magellan Fund)'를 운영하며 탁월한 성과를 거두었고, 그의 투자 철학은 많은 투자자들에게 큰 영향을 미쳤습니다.

피터 린치의 투자 마인드

1. 투자는 자신의 일상에서 시작된다

피터 린치의 가장 유명한 원칙 중 하나는 사람들이 일상에서 발견할 수 있는 소비 패턴과 제품이 곧 훌륭한 투자 기회로 이어질 수 있다는 것입니다. 그는 투자자들에게 자신이 잘 알고 있는 회사나 제품에 투자하라고 조언했습니다. 예를 들어, 자신이나 주변 사람들이 많이 사용하는 제품을 만드는 기업이 투자 기회가 될 수 있다는 것이

죠. 이러한 접근 방식은 초보자들이 쉽게 적용할 수 있는 투자 전략 중 하나로, 너무 복잡한 기업 분석보다는 일상에서 접할 수 있는 정보에 기반한 투자를 권장했습니다.

2. 철저한 리서치

린치는 단순히 일상적인 경험에 의존하는 것에서 그치지 않고, 철저한 리서치를 바탕으로 투자 결정을 내렸습니다. 그는 기업의 재무제표, 시장 점유율, 성장 가능성 등 모든 세부 사항을 꼼꼼히 조사한 후 투자를 결정했습니다. 특히 기업의 수익성, 부채 수준, 경영진의 역량 등을 중시했으며, 기업의 성장을 가능하게 하는 요소들을 면밀히 분석했습니다.

3. 인내와 장기 투자

린치는 장기적인 관점에서 기업을 바라보며 투자를 했습니다. 그는 주식 시장이 단기적으로는 예측하기 어렵다고 보았지만, 시간이 지나면서 기업의 실제 성과가 주가에 반영될 것이라고 믿었습니다. 때문에 그는 단기적인 시장의 변동성에 크게 신경 쓰지 않고, 장기적으로 기업의 가치를 믿고 투자했습니다.

4. 투자의 즐거움과 이해

린치는 투자에서 중요한 것은 그 과정 자체를 즐기고 이해하는 것이라고 강조했습니다. 그가 말한 "자신이 이해하지 못하는 기업에는 투자하지 말라"는 원칙은 투자자들이 자신의 투자 대상에 대해 충분히 이해하고 그 기업에 자신감을 가질 때에만 투자하라는 의미입니다.

피터 린치의 투자 철학

1. 성장주 투자

린치는 성장주에 투자하는 전략을 많이 활용했습니다. 그는 주가가 낮을 때 성장 가능성이 높은 기업을 발견해 장기적으로 투자하는 방식을 선호했습니다. 린치는 시장에서 저평가된 주식을 찾아내, 기업이 성장하면서 주가가 오를 때 큰 수익을 얻는 전략을 자주 사용했습니다. 특히 작은 규모의 성장주에 주목했고, 이러한 주식들이 더 큰 잠재력을 지니고 있다고 믿었습니다.

2. PER(Price to Earnings Ratio) 활용

린치는 PER(주가수익비율)을 매우 중요한 지표로 사용했습니다. 그는 PER이 낮은 주식, 즉 기업의 주가에 비해 수익성이 높은 주식을 선호했습니다. 그러나 린치는 단순히 PER이 낮다고 해서 무조건 좋은 투자 대상이라고 보지 않았으며, 그 기업의 성장 가능성까지 함께 고려했습니다. 그는 낮은 PER과 함께 기업의 성장 가능성을 분석해 투자 결정을 내렸습니다.

3. 다양한 주식 포트폴리오

린치는 다양한 산업에 걸쳐 폭넓은 포트폴리오를 구성하는 것을 선호했습니다. 한 가지 산업이나 기업에만 집중하지 않고, 여러 섹터에 걸쳐 분산 투자함으로써 리스크를 줄이려고 했습니다. 이렇게 포트폴리오를 다양화하면 특정 산업의 불확실성에도 전체 포트폴리오가 큰 영향을 받지 않기 때문에 안정성을 확보할 수 있었습니다.

4. 손실을 두려워하지 말라

린치는 투자를 할 때 손실을 피할 수는 없다고 했습니다. 중요한 것은 손실을 두려워하지 않고, 오히려 실패로부터 배움을 얻어 더 나은 투자 결정을 내리는 것이었습니다. 그는 잘못된 투자로 인한 손실을 받아들이는 것이 투자자에게 성장의 기회를 제공한다고 보았습니다.

피터 린치의 투자 마인드는 일상에서 기회를 발견하고, 철저한 리서치를 바탕으로 신중하게 투자하는 것입니다. 그는 단기적인 시장의 변동성에 연연하지 않고, 장기적으로 기업의 성장 가능성을 분석해 투자했습니다. 특히 성장 가능성이 높은 기업을 찾는 데 주력했으며, 투자에 있어 손실을 두려워하지 않는 태도를 강조했습니다. 이러한 철학은 초보자들이 이해하기 쉬우면서도 실제로 적용하기 좋은 투자 전략입니다.

4장

장기적 관점에서 투자하기

장기적 관점을 유지하는 것이 성공적인 투자로 이어지며, 단기적인 수익에 집착하지 않고 장기적인 성장을 추구하는 것이 중요합니다. 주식 시장의 변동성을 이해하고 받아들이는 것이 필요하며, 장기적으로 성공한 투자자들은 항상 안정된 마인드셋을 유지합니다.

일시적인 손실에 좌절하지 않고 큰 그림을 보는 것이 핵심이며, 꾸준한 투자가 큰 성과를 만들어냅니다. 이렇게 장기적인 전략을 고수하는 것이 투자에서 성공을 이루는 주요 요소입니다.

단기 수익에 대한 집착을 버리기

주식 시장에서 많은 투자자들이 범하는 흔한 실수 중 하나는 **단기 수익에 집착**하는 것입니다. 주식 가격이 하루, 일주일, 한 달 사이에 급등할 때 단기 수익을 노리는 유혹은 커질 수 있지만, 이러한 접근은 장기적으로 성공적인 투자 전략이 아닙니다. 단기적인 성과에 집중하면 오히려 장기적인 투자 성과에 악영향을 미칠 수 있습니다. 이제 왜 단기 수익에 집착하지 않고 장기적인 관점에서 투자하는 것이 중요한지 알아보겠습니다.

1. 단기 수익은 불확실성이 높다

주식 시장은 하루하루 큰 변동을 겪을 수 있습니다. 단기적인 시장의 움직임은 예측하기가 어렵고, 그 원인도 복잡합니다. 경제 지표, 정치적 사건, 자연재해, 기업의 일시적인 이슈 등이 주가에 영향을 미칠 수 있습니다. 이러한 단기적인 변화에 집착하면, 시장의 변동성에 휘둘려 감정적으로 매수나 매도 결정을 내리게 될 가능성이 커집니다.

주식 투자에서 단기적인 수익을 목표로 할 경우, 운이 좋을 때는 이익을 볼 수 있지만, 장기적으로는 시장 변동성에 의해 큰 손실을 입을 위험이 큽니다. 따라서 주식 투자는 **일시적인 주가 상승이나 하락에 집중하기보다는, 기업의 본질적인 가치와 장기적인 성장 잠재력**을 보고 접근해야 합니다.

2. 복리의 힘을 믿고 기다리기

앞에서도 설명하였지만 주식 시장의 진정한 힘은 **복리**에 있습니다. 복리란 이자가 다시 투자되어 더 큰 이익을 창출하는 방식입니다. 주식 투자에서도 시간이 지남에 따라 주식이 계속해서 가치가 상승하고, 그 수익이 다시 투자되면 자산은 더욱 빠르게 증식됩니다. 하지만 단기적인 이익에 집착하면 이 복리의 효과를 충분히 누리지 못하게 됩니다.

예를 들어, 단기적으로 10%의 이익이 발생했다고 해서 그 주식을 팔아버리면, 이후에 그 주식이 더 큰 상승을 기록할 때 그 기회를 놓칠 수 있습니다. 또한, 주식을 사고파는 과정에서 수수료와 세금도 발생하기 때문에, 장기적으로 보면 수익이 줄어들 수 있습니다. 반면, 복리의 힘을 이용해 장기적으로 주식을 보유할 경우, 시간이 지날수록 수익은 기하급수적으로 커질 수 있습니다.

3. 시장의 흐름은 장기적으로 우상향

역사적으로 주식 시장은 **장기적으로 우상향**해왔습니다. 단기적으로는 주가가 하락할 수 있고, 때로는 큰 폭으로 조정이 일어나기도 합니다. 그러나 장기적인 시각에서 보면, 경제 성장과 기업의 발전에 따라 주식 시장 전체는 상승하는 경향이 있습니다. 특히, 장기적으로 투자할 때는 특정 기업의 실적뿐만 아니라 전체 경제의 성장에 따라 자산이 증식될 가능성이 큽니다.

예를 들어, 2008년 글로벌 금융 위기나 2020년 코로나19 팬데믹처럼 큰 위기가 발생했을 때, 단기적으로 주가가 크게 하락했지만, 시간이 지나면서 경제가 회복되고 기업들이 다시 성장함에 따라 주가는 이전보다 더 큰 폭으로 상승했습니다. 따라서 이러한 위기 상황에도 장기적인 관점을 유지하면, 시장 회복과 함께 더 큰 수익을 얻을 수 있습니다.

4. 단기 거래는 높은 리스크를 동반

주식을 자주 사고파는 단기 거래는 높은 리스크를 동반합니다. 시장의 변동성에 따라 순간적인 판단으로 매수와 매도를 반복하게 되면, 시장의 변화를 정확하게 예측하기 어려운 상황에서 손실을 입을 가능성이 높아집니다. 또한, 주식을 사고파는 과정에서 발생하는 **수수료**나 **세금**도 무시할 수 없는 요소입니다. 자주 거래하다 보면 이러한 비용들이 쌓여 결국 장기적으로는 큰 손실로 이어질 수 있습니다.

반면, 장기적인 관점에서 주식을 보유하면 이러한 거래 비용을 최소화할 수 있으며, 장기적으로는 기업의 성장과 경제 회복을 통해 자산이 불어나게 됩니다.

5. 감정적 거래에서 벗어나기

단기 수익을 추구하는 투자자들은 감정적인 결정을 내리기 쉽습니다. 주가가 오르면 욕심에 휩싸여 더 많은 주식을 매수하고, 주가가 떨어지면 두려움에 빠져 서둘러 주식을 매도하는 경우가 많습니다. 이런 감정적인 거래는 장기적으로 큰 손실을 초래할 수 있습니다.

장기적인 관점에서 투자를 한다면, 이러한 감정적 거래에서 벗어나 냉정하고 이성적으로 시장을 바라볼 수 있습니다. 단기적인 하락은 단지 일시적인 현상일 뿐이라는 사실을 이해하고, 기업의 본질적인 가치에 집중하는 것이 중요합니다.

6. 기업의 장기 성장성에 주목하기

단기적인 수익보다는 **기업의 장기적인 성장성**에 집중해야 합니다. 주가는 일시적인 이슈로 인해 변동할 수 있지만, 장기적으로 기업이 혁신을 이루고 시장에서 점유율을 확대하면 주식의 가치는 자연스럽게 상승하게 됩니다. 따라서 단기적인 이익에 집중하기보다는, 기업의 연구 개발, 신제품 출시, 글로벌 시장 확대 등 장기적인 성장을 이끌 수 있는 요소에 주목하는 것이 필요합니다.

주식 투자에서 단기적인 수익에 집착하는 것은 장기적인 성공을 방해할 수 있습니다. 주식 시장은 단기적으로는 예측할 수 없을 정도로 변동성이 크지만, 장기적으로는 기업의 성장과 경제 발전에 따라 우상향하는 경향이 있습니다. 복리의 힘을 믿고, 장기적인 관점에서 기업의 가치를 바라보는 것이 성공적인 투자로 이어집니다.

시장 변동성에 대한 이해와 대처

주식 시장에서 성공적인 투자를 위해 가장 중요한 개념 중 하나는 **시장 변동성**에 대한 이해와 대처입니다. 시장 변동성은 주가가 오르락내리락하는 변동의 폭을 뜻하며, 이 변동성은 주식 투자에 큰 영향을 미칩니다. 변동성은 언제나 존재하기 때문에 이를 잘 이해하고 대응하는 것이 장기적인 투자 성공의 핵심입니다.

1. 변동성의 본질

시장 변동성은 **주식 시장의 자연스러운 현상**입니다. 주가는 경제 상황, 정치적 변화, 기업 실적, 국제 사건 등 여러 요인에 따라 하루에도 크게 변화할 수 있습니다. 이러한 변동성은 주식 시장의 본질적인 특성입니다. 많은 초보 투자자들은 주가가 급격히 하락하거나 상승할 때 당황하거나 흥분하여 감정적으로 대응할 수 있지만, 변동성은 피할 수 없는 시장의 특징임을 이해하는 것이 중요합니다.

변동성이 있다는 것은 단기적으로는 주가가 하락할 수 있지만, 장기적으로는 다시 회복하거나 더 큰 상승을 기록할 수 있다는 의미입니다. 변동성은 항상 위험만을 의미하는 것이 아니라, 적절히 대응하면 **기회**로도 작용할 수 있습니다.

2. 변동성에 대한 과민 반응 피하기

시장 변동성에 너무 **과민하게 반응**하는 것은 장기적인 투자 성과를 저해하는 주요 원인 중 하나입니다. 주가가 일시적으로 급락하면 많은 투자자들은 공포에 사로잡혀 손실을 확정짓는 매도를 하거나, 반대로 주가가 급등할 때에는 과도한 기대감으로 고점에서 주식을 매수하게 됩니다. 이러한 감정적 대응은 변동성에 휘둘리는 전형적인 사례입니다.

변동성에 과민 반응하지 않기 위해서는, **장기적인 목표**를 명확히 설정하는 것이 중요합니다. 단기적인 변동성은 장기적인 투자 목표에 큰 영향을 미치지 않는 경우가 많습니다. 따라서 일시적인 주가 변동에 집중하기보다는, 기업의 기본적인 가치와 장기적인 성과를 믿고 투자 계획을 유지하는 것이 필요합니다.

3. 시장 변동성에 맞춘 분산 투자

변동성에 효과적으로 대처하는 방법 중 하나는 **분산 투자**입니다.

특정 산업이나 주식에만 집중 투자하면 그 산업의 변동성에 크게 영향을 받을 수 있습니다. 그러나 다양한 산업과 자산에 투자하면, 한쪽에서 손실이 발생하더라도 다른 쪽에서 이익을 낼 수 있는 가능성이 커집니다. 분산 투자는 변동성에 따른 리스크를 줄이는 가장 기본적인 전략입니다.

예를 들어, IT 산업과 헬스케어 산업에 고르게 분산 투자했다면, IT 산업이 일시적으로 침체기에 접어들더라도 헬스케어 산업이 성장할 때 포트폴리오 전체의 성과는 안정적으로 유지될 수 있습니다. 이렇게 다양한 자산에 투자하면, 시장 변동성이 클 때에도 자산을 안정적으로 관리할 수 있습니다.

4. 장기적 관점에서 변동성 활용

변동성은 단순히 **위험 요소**로만 보는 것이 아니라, **기회**로 활용할 수 있는 요소입니다. 시장이 급격히 하락할 때는 고품질 주식을 저렴한 가격에 매수할 수 있는 기회가 될 수 있으며, 반대로 시장이 과도하게 상승할 때는 이익 실현을 통해 적절히 포트폴리오를 조정할 수 있는 시점이 될 수 있습니다.

예를 들어, 2020년 코로나19 팬데믹 초기에는 전 세계 주식 시장이 큰 폭으로 하락했지만, 이때 많은 장기 투자자들은 우량 주식을 저점에서 매수하며 큰 수익을 올렸습니다. 반대로, 시장이 과도하게 상승할 때는 일부 주식을 매도해 이익을 실현하고, 다시 저점이 올때를 대비해 현금을 확보할 수도 있습니다. 이러한 전략을 통해 변동성을 기회로 삼는 것이 가능합니다.

5. 심리적 준비와 변동성 관리

시장 변동성에 적절히 대응하기 위해서는 **심리적 준비**가 중요합니다. 변동성이 클 때는 투자자들이 심리적으로 큰 압박을 받을 수 있습니다. 주가가 급락하면 손실에 대한 두려움이 커지고, 반대로 급등하면 지나친 기대감이 생깁니다. 이러한 감정적인 반응을 줄이기 위해서는 투자자가 **미리 변동성에 대비**하는 것이 필요합니다.

예를 들어, 주식을 매수하기 전에 주가가 10% 하락할 수 있다는 가능성을 미리 염두에 두고 투자를 하면, 실제로 하락했을 때 감정적으로 크게 동요하지 않고, 미리 세운 계획에 따라 냉정하게 대처할 수 있습니다. 변동성에 대비한 심리적 준비는 감정적인 결정을 막고 장기적인 투자 성과를 유지하는 데 중요한 역할을 합니다.

6. 시장의 흐름을 신뢰하기

주식 시장은 **장기적으로 상승하는 경향**이 있습니다. 단기적으로는 큰 변동성이 존재하지만, 장기적으로는 경제 성장과 기업의 발전에 따라 시장 전체가 상승할 가능성이 큽니다. 따라서 일시적인 변동성에 지나치게 집착하기보다는, 시장의 큰 흐름을 믿고 장기적인 성장을 목표로 하는 것이 필요합니다.

예를 들어, 10년, 20년이라는 장기적인 시각에서 보면, 주식 시장은 여러 차례의 위기를 겪었음에도 불구하고 꾸준히 상승해 왔습니다. 이러한 시장의 흐름을 이해하고 신뢰하면 단기적인 변동성에 흔들리지 않고, 차분하게 투자를 이어갈 수 있습니다.

시장 변동성은 주식 시장의 필수적인 부분이며, 이를 적절히 이해하고 대처하는 것이 성공적인 투자로 이어집니다. 변동성에 과민 반응하지 않고, 분산 투자와 장기적인 관점을 유지하며, 변동성을 기회로 활용하는 전략을 세운다면, 주식 시장의 불확실성 속에서도 안정적인 성과를 낼 수 있습니다.

장기적으로 성공하는 투자자의 마인드셋

장기적인 관점에서 주식 투자는 단순히 기술적인 분석이나 경제적 지표만으로 성공을 거두기 어렵습니다. 성공적인 장기 투자자는 **투자 원칙**과 **심리적 태도**를 잘 갖춘 사람들입니다. 주식 시장의 변동성, 불확실성 속에서도 냉정하게 목표를 유지하며 장기적으로 자산을 증식하는 **투자자의 마인드셋**은 매우 중요한 요소입니다.

1. 인내심과 꾸준함

장기적인 성공을 위해 가장 중요한 요소 중 하나는 **인내심**입니다. 주식 시장은 단기적으로 매우 변동성이 크고, 주가가 일시적으로 하락할 수 있습니다. 그러나 장기적인 시각에서 보면 경제가 성장하고 기업들이 발전하면서 주가도 함께 상승할 가능성이 큽니다. 여기서 중요한 것은 **즉각적인 성과를 기대하지 않고 기다릴 수 있는 능력**입니다.

주식 투자자는 단기적인 성과에 너무 집착하지 않고 **꾸준히 투자하는 태도**를 가져야 합니다. 예를 들어, 매달 정해진 금액을 꾸준히 투자하는 방식으로 시장의 일시적인 변동에 휘둘리지 않도록 하는 것이 좋습니다. 시장이 어려울 때는 더욱 인내하고 장기적인 목표를 유지하는 것이 장기적인 성공으로 이어질 수 있습니다.

2. 합리적인 기대치 설정

성공적인 장기 투자자는 **현실적인 기대치**를 가지고 있습니다. 주식 시장에서 단기적으로 큰 이익을 기대하는 것은 위험할 수 있으며, 지나친 기대는 실망과 잘못된 결정을 초래할 수 있습니다. 전문가들은 주식 시장의 연평균 수익률을 7~10% 정도로 설정하는 것이 현실적이라고 조언합니다. 이를 초과하는 기대는 오히려 투자자에게 불필요한 스트레스를 줄 수 있습니다.

장기적으로 합리적인 기대치를 유지하면, 시장의 일시적인 하락이나 변동성에 쉽게 흔들리지 않고, 차분하게 자신의 계획에 따라 투자할 수 있습니다. 이는 투자의 심리적 안정감을 유지하는 데 큰 도움이 됩니다.

3. 리스크 수용 능력

장기적으로 성공하는 투자자는 **리스크를 피하는 것이 아니라 이를 관리하는 능력**이 뛰어납니다. 주식 시장에는 항상 리스크가 존재하며, 이를 완전히 제거할 수는 없습니다. 중요한 것은 리스크를 받아들이고 이를 계획적으로 관리하는 것입니다. 투자자는 자신의 리스크 수용 범위를 미리 설정하고, 그 범위 내에서 의사 결정을 내리는 것이 중요합니다.

심리학적인 관점에서 보면, **불확실성을 받아들이는 능력**은 성공적인 장기 투자의 핵심입니다. 많은 투자자들이 변동성이나 하락장에서 공포에 휩싸여 손실을 최소화하려고 급히 매도 결정을 내리지만, 이는 장기적인 투자 전략에 부정적인 영향을 미칩니다. 성공적인 투자자는 리스크를 인정하고 그에 맞춰 포트폴리오를 관리하며, 일시적인 하락을 기회로 삼아 더 큰 성과를 얻을 수 있습니다.

4. 감정 관리

심리학자들이 강조하는 부분은 주식 투자에서 감정적인 결정을 최대한 피해야 한다는 것입니다. 시장이 하락하면 **두려움**이 생기고, 급등하면 **탐욕**에 휩싸이기 쉽습니다. 이러한 감정적 반응은 단기적인 판단을 흐리게 하고, 손실을 확대할 수 있습니다. 장기적으로 성공하는 투자자는 자신의 감정을 통제할 줄 아는 능력을 갖추고 있습니다.

감정 관리의 한 방법으로는 **미리 설정된 계획**을 따르는 것이 있습니다. 주가가 오르거나 내리더라도 미리 세운 매수·매도 기준에 따라 행동하면, 감정에 휘둘리지 않고 합리적으로 투자할 수 있습니다. 또한, 시장 변동성을 받아들이는 마인드를 가지고 일관된 전략도 유지하는 것이 중요합니다.

5. 시장 변화에 대한 유연성

장기적인 성공을 위한 또 하나의 중요한 마인드셋은 **유연성**입니다. 주식 시장은 계속해서 변화하며, 예측할 수 없는 사건들이 발생할 수 있습니다. 이러한 변화 속에서도 투자자는 상황에 맞게 유연하게 대응할 수 있는 능력을 가져야 합니다. 이는 새로운 정보나 상황에 맞춰 자신의 전략을 조정하는 것이며, 지나치게 고집을 부리지 않는 것입니다.

예를 들어, 특정 기업의 주식을 장기적으로 보유하고 있었지만, 그 기업의 성장성이 더 이상 긍정적이지 않다고 판단된다면 미련을 버리고 다른 기회를 찾아나서는 것이 필요합니다. 성공적인 투자자는 **시장의 흐름을 파악하고, 필요할 때 전략을 수정할 줄 아는 유연함**을 가지고 있습니다.

6. 지속적인 학습과 성장

지식의 축적은 장기적인 성공에 있어 매우 중요한 요소입니다. 성공적인 투자자는 주식 시장과 기업에 대해 끊임없이 **학습**합니다. 이는 경제 지표나 기업의 재무 상태, 산업 트렌드 등을 이해하는 것뿐만 아니라, 자신의 투자 실수를 분석하고 개선해나가는 과정도 포함

됩니다.

예를 들어, 특정 주식에서 손실을 본 경우, 그 원인을 분석하고 이를 교훈 삼아 다음 투자에 반영하는 것이 필요합니다. 심리학적인 측면에서도 **자기 개선**과 **성장 마인드셋**을 유지하는 것이 중요합니다. 이를 통해 투자자는 장기적으로 더 나은 결정을 내릴 수 있으며, 성공적인 투자자로 성장할 수 있습니다.

7. 긴 호흡으로 바라보기

주식 투자는 **마라톤**과 같습니다. 단기간에 큰 성과를 기대하기보다는 긴 호흡으로 시장을 바라봐야 합니다. 성공적인 장기 투자자는 시간이 지남에 따라 기업이 성장하고 경제가 발전할 것이라는 믿음을 가지고, 성급하게 결과를 추구하지 않습니다. 이를 통해 시장의 일시적인 변동에도 흔들리지 않고, 장기적인 목표를 꾸준히 추구할 수 있습니다.

장기적인 성공을 위해서는 투자자의 마인드셋이 매우 중요합니다. 인내심과 꾸준함, 합리적인 기대치, 리스크 관리, 감정 통제, 유연성, 그리고 지속적인 학습과 성장의 태도를 통해 투자자는 변동성과 불확실성이 큰 시장에서도 성공적인 결과를 얻을 수 있습니다. 심리적인 안정감과 냉정한 판단이 장기적인 투자 성공의 열쇠가 됩니다.

거장들의 투자 마인드와 철학

찰리 멍거

찰리 멍거는 워런 버핏의 오랜 파트너로, 그와 함께 버크셔 해서웨이를 성공으로 이끈 중요한 인물입니다. 멍거는 버핏과 비슷한 가치 투자 철학을 따르면서도, 그의 독자적인 투자 마인드와 철학을 발전시켰습니다. 특히 멍거는 심리학과 철학적 사고를 바탕으로 투자 결정을 내리며, 넓은 관점에서 주식 시장을 바라보는 것을 중시합니다.

찰리 멍거의 투자 마인드

1. 멀티디서플리너리 사고

찰리 멍거의 가장 큰 특징 중 하나는 다양한 학문을 접목하는 멀티디서플리너리 사고(multidisciplinary thinking)입니다. 그는 투자 결정을 내릴 때 경제학, 심리학, 역사, 수학 등 다양한 학문 분야의 지식을 활용합니다. 그는 이런 여러 분야의 관점을 통해 투자 기회를 보다 넓게 분석할 수 있다고 믿습니다. 이러한 방식은 단순한 재무 지표나 시장 흐름 이상의 통찰력을 제공하여, 복잡한 시장 상황을 더 깊이 이해하고, 기회를 놓치지 않는 데 중요한 역할을 합니다.

2. 인내심과 절제

멍거는 투자에서 인내심을 매우 중요하게 생각합니다. 그는 주식 시장에서 빠른 수익을 기대하는 것이 아니라, 가치 있는 기업에 장기적으로 투자하여 서서히 수익을 쌓아가는 방식을 선호했습니다. 그의 철학은 시간이 지나면서 기업의 내재 가치가 시장에 반영될 것이라는 믿음에 바탕을 두고 있으며, 이를 위해 시장의 단기적인 변동성에 휘둘리지 않고 기다리는 것이 중요하다고 강조합니다. 이러한 인내심은 시장의 일시적인 부침에도 흔들리지 않고 장기적인 성장을 바라볼 수 있게 해줍니다.

3. 감정에 휘둘리지 않기

멍거는 투자에서 감정적인 결정을 피해야 한다고 강조합니다. 그는 투자자들이 주식 시장의 급등락에 따라 감정적으로 반응하는 경우가 많다고 보았으며, 이로 인해 잘못된 투자 결정을 내리게 된다고 주장했습니다. 감정에 휘둘리지 않고, 냉철한 분석을 바탕으로 결정을 내려야 장기적인 성공을 얻을 수 있다고 말합니다. 감정에 따라 움직이는 대신, 합리적인 데이터와 분석을 통해 냉정하게 판단하는 것이 장기적인 투자 성공의 핵심이라고 보았습니다.

4. 복잡함을 피하고 단순함을 추구

멍거는 지나치게 복잡한 투자를 지양하고, 단순함을 추구합니다. 그는 복잡한 금융 상품이나 이해하기 어려운 투자 기법보다는, 단순하고 투명한 비즈니스에 투자하는 것이 중요하다고 보았습니다. 이는 버핏과도 일맥상통하는 부분으로, 자신이 이해할 수 있는 비즈니스에만 투자하는 것이 중요하다는 철학입니다. 이러한 단순함은 투자 결정을 명확하게 하고, 리스크를 줄이는 동시에 장기적인 수익을 더욱 안정적으로 만들어 줍니다.

찰리 멍거의 투자 철학

1. 가치 투자(Value Investing)

멍거는 워런 버핏처럼 가치 투자 철학을 따릅니다. 이는 기업의 내재 가치를 분석하고, 그 가치를 기준으로 저평가된 주식을 매수하는 방식입니다. 그는 주식이 일시적으로 과소평가될 때 매수한 후, 장기적으로 그 주식의 가치를 회복할 것을 믿고 기다리는 전략을 선호했습니다. 이 과정에서 기업의 질과 장기적인 성장 가능성을 면밀히 분석하는 것이 중요하다고 보았습니다.

2. 역발상 투자(Contrarian Investing)

찰리 멍거는 역발상 투자를 자주 사용했습니다. 이는 시장의 대다수가 두려워하고 있을 때 기회를 찾는 방식입니다. 예를 들어, 주식이 과도하게 하락할 때 다른 투자자들이 매도할 때, 오히려 그때를 기회로 보고 매수하는 전략입니다. 그는 시장의 군중 심리에서 벗어나 독립적으로 생각하는 능력을 강조했습니다. 그는 군중의 선택을 따르는 것이 오히려 리스크를 키울 수 있다고 경고했습니다.

3. 서클 오브 컴피턴스(Circle of Competence)

멍거의 또 다른 중요한 철학은 서클 오브 컴피턴스 개념입니다. 이는 자신의 이해 범위를 넘어서지 않고, 자신이 잘 아는 분야에만 투자하는 것을 의미합니다. 멍거는 자신이 이해하지 못하는 사업에 투자하는 것은 도박과 같다고 보았으며, 투자자는 자신의 능력을 확실히 알고, 그 능력 내에서만 움직여야 한다고 강조했습니다. 이렇게 할 때 투자자는 위험을 최소화하고, 더 높은 수익을 기대할 수 있습니다.

4. 복합 이자 효과(Compound Interest)

멍거는 복합 이자(복리)의 힘을 중요하게 여겼습니다. 그는 시간이 지날수록 자산이 어떻게 스스로 성장하는지에 주목했으며, 장기적으로 투자를 유지할 때 복리 효과를 통해 큰 수익을 얻을 수 있다고 믿었습니다. 즉, 투자를 오래 유지하면 이자가 이자를 낳는 과정이 반복되면서 초기 투자 금액보다 훨씬 큰 수익을 얻을 수 있게 된다는 것입니다. 복리의 효과는 시간과 인내가 투자 성공의 중요한 요소임을 보여줍니다.

찰리 멍거의 투자 마인드는 다양한 관점에서의 사고, 인내심과 절제, 감정 통제, 그리고 단순함 추구로 요약할 수 있습니다. 그는 워런 버핏과 마찬가지로 가치 투자를 중시하면서도, 보다 넓은 학문적 관점에서 시장을 분석하는 독특한 접근 방식을 취했습니다. 또한 감정에 흔들리지 않고 장기적으로 내재 가치에 집중하는 철학을 통해 꾸준한 성공을 거두었습니다.

PART 3

주식 시장 분석과 투자 방법

5장

시장 분석과 마인드셋

경제 지표를 이해하는 것이 주가 변동을 예측하는 데 중요하며, 이를 통해 시장의 흐름을 파악할 수 있습니다. 뉴스와 외부 정보에 휘둘리지 않도록 주의해야 하고, 지나치게 단기적인 정보에 반응하는 것은 위험할 수 있습니다.

시장 분석은 투자 전략에 맞춰 체계적으로 이루어져야 하며, 자신의 투자 철학에 부합하는 분석 방법을 찾아 일관되게 적용하는 것이 필수적입니다. 시장 변동성에 적절히 대응하고 분석과 마인드셋이 조화를 이뤄야 장기적인 성과를 낼 수 있습니다.

경제 지표와 주가 변동성 이해하기

주식 시장에서 성공적으로 투자하기 위해서는 **경제 지표**와 **주가 변동성**을 이해하는 것이 매우 중요합니다. 경제 지표는 경제의 상태를 측정하는 다양한 수치로, 주식 시장과 기업의 성과에 직접적인 영향을 미칩니다. 또한, 주가 변동성은 주가가 얼마나 자주, 그리고 얼마나 크게 변동하는지를 보여주는 지표입니다. 이를 이해함으로써 투자자는 더 나은 결정을 내릴 수 있습니다.

1. 경제 지표란 무엇인가?

경제 지표는 국가 경제의 상태를 나타내는 다양한 데이터입니다. 이 지표들은 주식 시장의 흐름을 예측하고 분석하는 데 중요한 역할을 합니다. 대표적인 경제 지표로는 **국내총생산(GDP), 소비자물가지수(CPI), 실업률, 금리, 산업생산지수** 등이 있습니다.

- **국내총생산(GDP)** : GDP는 한 나라의 경제 규모와 성장 속도를 측정하는 지표로, 경제가 얼마나 성장하고 있는지를 보여줍니다. GDP가 상승하면 경제 활동이 활발하다는 뜻이며, 기업의 매출과 이익도 늘어날 가능성이 커집니다. 이로 인해 주식 시장도 긍정적인 영향을 받습니다. 반대로 GDP가 감소하면 경기 침체로 인해 주식 시장이 하락할 수 있습니다.
- **소비자물가지수(CPI)** : CPI는 소비자가 물건이나 서비스를 구입하는 데 드는 비용의 변동을 측정하는 지표입니다. 물가가 상승하면, 기업의 생산 비용도 증가할 수 있으며, 이는 이익에 부정적인 영향을 미칠 수 있습니다. 특히 인플레이션이 과도할 경우, 주식 시장에 악영향을 미칠 수 있습니다. 따라서 투자자는 CPI 변화를 주의 깊게 살펴보아야 합니다.
- **실업률** : 실업률은 경제 활동에 참여하는 사람들이 얼마나 일자리를 잃었는지를 보여주는 지표입니다. 실업률이 낮으면 경제가 활발하게 돌아가고 있다는 신호이며, 이는 주식 시장에 긍정적인 영향을 미칠 수 있습니다. 반대로 실업률이 높아지면 소비가 줄어들고, 기업의 매출과 이익이 감소할 가능성이 커집니다.
- **금리** : 금리는 기업이 자금을 조달하거나, 소비자가 돈을 빌릴 때 발생하는 이자율입니다. 금리가 상승하면 기업의 대출 비용이 증가하고 소비자들의 소비가 줄어들어 기업의 이익이 감소할 수 있습니다. 반대로 금리가 낮으면 기업이 저렴한 비용으로 자

금을 조달할 수 있어 주식 시장에 긍정적인 영향을 미칠 수 있습니다.

2. 주가 변동성이란 무엇인가?

주가 변동성은 주식 가격이 얼마나 자주, 얼마나 크게 변하는지를 의미합니다. 주가는 다양한 경제 지표, 기업 실적, 정치적 요인 등 여러 가지 이유로 변동할 수 있습니다. 변동성이 크다는 것은 주가가 자주 급격하게 오르거나 내린다는 것을 의미하며, 이는 투자자들에게 위험이 될 수 있습니다.

- **변동성의 원인** : 주가 변동성은 경제 지표뿐만 아니라 기업의 실적 발표, 정치적 이벤트, 국제 사건 등 다양한 요인에 의해 발생합니다. 예를 들어, 기업의 실적이 예상보다 좋으면 주가가 급등할 수 있고, 반대로 기대에 미치지 못하면 주가가 하락할 수 있습니다.
- **변동성 관리** : 변동성이 클 때는 투자자들이 불안감을 느끼기 쉽습니다. 하지만 변동성을 이해하고, 이에 맞는 전략을 세우면 안정적인 투자를 할 수 있습니다. 변동성이 높은 시장에서는 분산 투자를 통해 리스크를 줄일 수 있습니다. 또한, 주가가 하락했을 때 감정적인 결정을 피하고 장기적인 관점에서 시장을 바라보는 것이 중요합니다.

3. 경제 지표와 주가 변동성의 상관관계

경제 지표와 주가 변동성은 밀접한 관계가 있습니다. 경제 지표가 긍정적으로 나올 경우, 시장은 안정적으로 움직일 가능성이 높고, 변동성도 줄어들 수 있습니다. 반대로 경제 지표가 나빠지면, 투자자들은 시장에 불안감을 느끼고 변동성이 커질 수 있습니다. 예를 들어, 경제 성장률이 감소하고 실업률이 높아지면, 투자자들은 불안해하며 주식을 팔기 시작하고, 주가는 크게 변동할 수 있습니다.

4. 감정에 흔들리지 않는 투자 전략

주가 변동성과 경제 지표에 따라 투자자들의 감정이 크게 영향을 받을 수 있습니다. 주가가 급등하면 **탐욕**에 의해 과도하게 매수하는 경우가 있고, 주가가 급락하면 공포에 사로잡혀 매도하는 경우가 많습니다. 그러나 이러한 감정적인 반응은 장기적인 투자 성과에 부정적인 영향을 미칠 수 있습니다.

이를 방지하기 위해서는 **이성적인 판단**과 **장기적인 전략**이 필요합니다. 경제 지표와 주가 변동성을 분석하고, 이에 따라 계획된 전략을 꾸준히 따르는 것이 중요합니다. 특히, 주가 변동성에 지나치게 반응하지 않고, 장기적인 투자 목표를 유지하는 것이 장기적인 성공의 열쇠입니다.

경제 지표와 주가 변동성은 투자에 큰 영향을 미치는 중요한 요소입니다. 이를 이해하고 분석하는 것은 주식 시장에서 성공적인 투자 결정을 내리는 데 필수적입니다. 경제 지표를 바탕으로 시장의 큰 흐름을 파악하고, 주가 변동성에 맞춰 리스크를 관리하는 전략을 세우면, 안정적이고 장기적인 성과를 기대할 수 있습니다.

뉴스와 정보에 휘둘리지 않는 법

주식 시장에서 투자 결정을 내릴 때 **뉴스**와 **정보**는 중요한 역할을 합니다. 하지만, 지나치게 많은 정보에 휘둘리거나 잘못된 정보에 빠지면, 감정적인 판단을 하게 되어 투자 성과에 부정적인 영향을 미칠 수 있습니다. 따라서 뉴스와 정보의 홍수 속에서 **객관적이고 이성적인 판단**을 내리는 방법을 이해하는 것이 중요합니다.

1. 정보의 선별과 분석

주식 시장은 매일 수많은 뉴스와 정보가 쏟아집니다. 하지만 모든 정보가 투자 결정에 필요한 것은 아닙니다. **중요한 정보와 덜 중요한 정보**를 구분하고, 투자의 핵심에 맞는 정보를 선별하는 것이 필수적입니다. 예를 들어, 기업의 실적 발표, 경제 지표 등은 주가에 실질적인 영향을 미치는 중요한 정보입니다. 반면, 일시적인 소문이나 자극적인 헤드라인은 투자의 본질과 무관할 수 있습니다.

선별된 정보를 바탕으로 **신뢰할 만한 출처**에서 나온 데이터를 분석해야 합니다. 신뢰할 수 있는 경제 기사나 전문가 의견에 기초한 정보를 우선적으로 참고하고, 무분별한 루머에 의존하지 않는 것이 중요합니다.

2. 감정적 반응 피하기

뉴스는 때로는 감정적 반응을 유발할 수 있습니다. 주가가 급등하거나 급락할 때, 뉴스에서는 이를 크게 다루며 투자자들의 감정을 자극할 수 있습니다. 하지만 이러한 감정적인 반응은 장기적인 투자에 있어 부정적인 영향을 미칠 가능성이 큽니다. 주가가 급락한다고 해서 바로 매도하거나, 급등한다고 해서 서둘러 매수하는 결정을 내리기보다는, **냉정하게 상황을 분석**하고 계획에 따라 행동하는 것이 필요합니다.

예를 들어, 주가가 일시적으로 큰 폭으로 하락했을 때 뉴스에서는 경제 위기나 기업의 몰락을 강조하는 경우가 많습니다. 하지만 기업의 근본적인 가치가 변하지 않았다면, 이러한 변동은 일시적일 수 있습니다. 감정에 휘둘리지 않고 이성적인 판단을 유지하는 것이 필요합니다.

3. 장기적인 목표에 집중하기

뉴스는 주로 **단기적인 사건**에 집중합니다. 예를 들어, 경제 지표나 정치적 사건, 기업의 일시적인 성과 등은 주식 시장에 단기적인 영향을 줄 수 있습니다. 그러나 장기적인 투자에 있어서는 이러한 단기적인 이슈에 흔들리지 않고, **장기적인 목표**를 유지하는 것이 중요합니다.

투자자는 자신의 **장기적인 투자 계획**을 세우고, 그 계획에 맞게 정보를 해석해야 합니다. 단기적인 변동성에 의해 장기적인 목표를 변경하는 것은 바람직하지 않습니다. 예를 들어, 시장이 불안정할 때에는 일시적으로 주가가 하락할 수 있지만, 장기적으로는 경제 성장과 기업의 발전에 따라 주가가 회복될 가능성이 큽니다. 이러한 장기적인 관점을 유지하면, 뉴스와 정보에 흔들리지 않고 투자 목표를 유지할 수 있습니다.

4. 정보의 홍수에서 벗어나기

오늘날 투자자들은 정보의 홍수에 빠지기 쉽습니다. 인터넷과 소셜 미디어를 통해 수많은 정보가 제공되며, 이 중 상당수는 자극적인 헤드라인이나 검증되지 않은 루머일 수 있습니다. 투자자는 이러한 정보에 모두 반응하기보다는, **필요한 정보만 선택적으로 수용**하는 태도를 가져야 합니다. 하루 종일 뉴스를 확인하거나 소셜 미디어에서 투자 정보를 검색하는 것은 오히려 투자에 혼란을 줄 수 있습니다.

정보 소비를 제한하는 것도 좋은 방법입니다. 하루에 특정 시간대에만 뉴스를 확인하거나, 일주일에 한 번 포트폴리오를 점검하는 방식으로 정보와 투자 결정을 분리하는 것이 도움이 될 수 있습니다. 이렇게 하면 정보의 과잉으로 인해 불필요한 결정을 내리는 것을 방지할 수 있습니다.

5. 전문가의 의견을 참고하되 맹신하지 않기

금융 전문가들의 의견은 매우 중요한 참고 자료가 될 수 있지만, 이들을 맹목적으로 따르는 것도 위험할 수 있습니다. 전문가의 의견은 주로 추측에 근거하며, 정확한 예측을 보장하지 않습니다. 투자자는 전문가의 의견을 하나의 참고 자료로 삼되, 자신의 **분석**과 **판단**에 기초한 결정을 내려야 합니다. 다양한 의견을 듣되, 그중에서 신뢰할 만한 내용을 취사선택하는 것이 중요합니다.

6. 일관된 투자 전략 유지

뉴스나 정보는 언제나 변동하지만, 투자자의 전략은 일관되어야 합니다. 일관된 투자 전략은 시장의 단기적인 변동에 휘둘리지 않고 장기적인 목표를 달성하는 데 도움이 됩니다. 예를 들어, 주식 시장의 일시적인 하락에도 불구하고 **정기적으로 투자하는 전략**을 유지하면, 시장의 일시적인 변동성에 큰 영향을 받지 않게 됩니다.

자동화된 투자(정기적인 금액을 일정 기간 동안 투자하는 방식)는 투자자가 뉴스에 지나치게 반응하는 것을 방지할 수 있습니다. 또한, 포트폴리오를 주기적으로 재조정해 장기적인 목표를 유지하는 것도 중요합니다.

주식 시장에서 뉴스와 정보에 휘둘리지 않고 투자하기 위해서는 감정적 반응을 피하고, 정보를 선별하며, 장기적인 목표를 유지하는 것이 중요합니다. 또한, 과도한 정보의 홍수에서 벗어나고, 전문가의 의견을 참고하되, 자신의 판단을 중심으로 전략을 세우는 것이 성공적인 투자로 이어질 수 있습니다.

투자 전략에 맞는 시장 분석 방법

투자자는 자신의 투자 전략에 맞는 시장 분석 방법을 통해 더 나은 투자 결정을 내릴 수 있습니다. 시장 분석은 투자자가 기업, 산업, 경제 전반을 이해하고, 적절한 매수 및 매도 시점을 찾는 데 필수적인 과정입니다. 투자 전략에 맞는 분석 방법은 크게 **기본적 분석**과 **기술적 분석**으로 나눌 수 있으며, 투자 목적과 기간에 따라 적절한 방식을 선택하는 것이 중요합니다.

1. 기본적 분석

기본적 분석은 기업의 내재 가치*를 평가하는 방식입니다.

내재 가치
주식이나 자산의 본질적인 가치

이 방법은 기업의 재무 상태, 산업의 성장 가능성, 그리고 거시경제 환경을 종합적으로 고려하여 주식의 적정 가치를 평가하는 데 중점을 둡니다. 장기 투자 전략을 세운 투자자에게 특히 유용합니다.

- **재무제표 분석** : 기업의 재무제표를 분석하는 것은 기본적 분석의 핵심입니다. 손익계산서, 대차대조표, 현금흐름표를 통해 기업의 수익성, 재무 건전성, 현금 흐름을 파악할 수 있습니다. 예를 들어, 기업이 안정적인 이익을 창출하고 있는지, 부채가 적정 수준인지 확인하는 것이 중요합니다.
- **PER, PBR, ROE 등 지표 분석** : PER(주가수익비율), PBR(주가순자산비율), ROE(자기자본이익률) 같은 지표는 주식의 가치를 평가하는 데 유용한 도구입니다. 예를 들어, PER이 낮으면 상대적으로 저평가된 주식으로 간주될 수 있으며, ROE가 높으면 해당 기업이 자기 자본을 잘 활용해 높은 수익을 내고 있다는 뜻입니다.
- **거시경제와 산업 분석** : 기업의 성과는 그 기업이 속한 산업과 거시경제 환경에 크게 좌우됩니다. 따라서 해당 산업의 성장성, 경쟁 환경, 정부 정책, 경제 지표 등을 종합적으로 분석하여 기업이 장기적으로 성장할 가능성이 있는지를 파악해야 합니다. 예를 들어, 전기차 산업이 성장할 것이라는 전망을 바탕으로 관련 기업에 장기 투자할 수 있습니다.

2. 기술적 분석

기술적 분석은 주식의 **가격 움직임**을 분석하여 매수와 매도의 시점을 결정하는 방법입니다. 주가의 **과거 패턴**을 분석하여 향후 가격 변동을 예측하는 데 중점을 둡니다. 기술적 분석은 단기 트레이딩 전략에 많이 사용됩니다.

- **차트 분석** : 기술적 분석에서 가장 중요한 도구는 차트입니다. 봉차트, 선차트, 캔들스틱 차트 등을 통해 주가의 상승과 하락 패턴을 분석할 수 있습니다. 예를 들어, 지지선과 저항선을 통해 주가가 어느 가격대에서 반등하거나 하락할 가능성이 높은지를 예측할 수 있습니다.
- **이동평균선** : 이동평균선은 일정 기간 동안의 평균 주가를 나타내며, 주식의 추세를 파악하는 데 유용합니다. 단기 이동평균선(5일, 10일)과 장기 이동평균선(50일, 200일)을 비교하여 골든크로스나 데드크로스 같은 매수·매도 신호를 찾을 수 있습니다. 예를 들어, 단기 이동평균선이 장기 이동평균선을 상향 돌파하면 상승 신호로 해석될 수 있습니다.
- **거래량 분석** : 거래량은 주가 변동의 강도를 보여주는 중요한 요소입니다. 거래량이 급격히 증가할 때 주가가 상승하는 경우, 이는 강한 매수세가 존재함을 나타낼 수 있습니다. 반대로, 거래량이 적을 때는 투자자들이 적극적으로 매매하지 않고 있음을 의미할 수 있습니다. 거래량과 주가의 움직임을 함께 분석하면 추세의 강도를 파악하는 데 도움이 됩니다.

3. 혼합 전략

기본적 분석과 기술적 분석을 혼합하는 전략은 투자자의 목적과 상황에 따라 매우 유용할 수 있습니다. 장기적으로는 기본적 분석을 통해 기업의 내재 가치를 평가하고, 단기적으로는 기술적 분석을 통해 적절한 매수·매도 시점을 결정하는 방식입니다.

예를 들어, 기업의 재무 상태가 양호하고, 산업의 성장 가능성이 높다는 기본적 분석 결과를 바탕으로 해당 기업의 주식을 장기적으로 보유할 계획일 수 있습니다. 하지만 단기적으로 시장 상황이 불안정할 경우 기술적 분석을 통해 최적의 매수 타이밍을 선택할 수 있습니다.

4. 감정에 휘둘리지 않는 투자

투자 전략에 맞는 시장 분석을 할 때, 감정에 휘둘리지 않는 것이 중요합니다. 특히, 주식 시장에서 단기적인 변동성에 의해 잘못된 결정을 내리기 쉽습니다. 투자자는 자신의 **전략에 맞는 데이터**와 분석 결과를 토대로, 일관된 기준에 따라 결정을 내려야 합니다.

시장 분석이 중요한 이유는 투자자가 **냉정한 판단**을 할 수 있도록 돕기 때문입니다. 많은 투자자들이 뉴스나 소문에 흔들려 잘못된 결정을 내리지만, 데이터에 기반한 시장 분석을 통해 감정적 반응을 줄일 수 있습니다.

투자 전략에 맞는 시장 분석은 기본적 분석과 기술적 분석의 적절한 활용을 통해 이루어집니다. 장기 투자자는 기업의 내재 가치를 분석하고, 단기 투자자는 주가 패턴과 거래량을 분석하는 것이 필요합니다. 이를 통해 투자자는 더 나은 의사결정을 내리고, 감정에 휘둘리지 않는 투자를 할 수 있습니다.

거장들의 투자 마인드와 철학

존 보글

존 보글은 뱅가드 그룹의 창립자로, **인덱스 펀드**의 창시자로 널리 알려져 있습니다. 그는 저비용, 장기 투자, 그리고 분산 투자라는 원칙을 강조하며, 개인 투자자들이 보다 효율적이고 안정적으로 자산을 증식할 수 있는 방법을 제시했습니다. 그의 투자 마인드는 장기적이고, 비용을 최소화하며, 위험을 분산하는 데 중점을 둡니다.

존 보글의 투자 마인드

1. 장기적인 관점 유지

존 보글은 장기적인 투자의 중요성을 강조했습니다. 그는 단기적인 주식 시장의 변동성에 휘둘리지 말고, 인내심을 가지고 꾸준히 투자해야 한다고 주장했습니다. 주식 시장은 때로는 급등하거나 급락할 수 있지만, 장기적으로는 항상 우상향하는 경향이 있다는 점에서 장기 투자가 중요한 이유라고 설명했습니다.

2. 비용 절감의 중요성

보글의 핵심 철학 중 하나는 비용 절감입니다. 그는 투자 비용이 수익을 갉아먹는 주요 요인 중 하나라고 보았기 때문에, 가능한 한 수수료와 기타 비용을 줄이는 것이 투자 성과에 큰 영향을 미친다고 주장했습니다. 이를 바탕으로 그는 저비용 인덱스 펀드를 개발하여 투자자들이 중간 관리자의 수수료 부담을 줄이고 더 많은 수익을 거둘 수 있도록 했습니다.

3. 시장 예측을 피하기

보글은 주식 시장의 단기적인 움직임을 예측하려는 시도를 피해야 한다고 강조했습니다. 그는 시장 타이밍을 맞추려는 것은 거의 불가능하며, 이를 시도하는 것은 오히려 투자 성과를 악화시킬 수 있다고 경고했습니다. 시장의 방향을 예측하기보다는 전체 시장에 투자하고 장기적으로 시장의 성장을 믿는 것이 더 현명한 접근이라고 주장했습니다.

4. 분산 투자

보글은 위험을 줄이기 위해 분산 투자의 중요성을 강조했습니다. 단일 주식에 투자하는 것보다는, 다양한 주식에 투자하여 포트폴리오를 구성하는 것이 더 안전하다고 보았습니다. 이를 위해 그는 광범위한 시장을 대상으로 한 인덱스 펀드를 개발했으며, 이 펀드는 수백

개의 주식에 분산 투자해 위험을 낮추는 역할을 했습니다.

존 보글의 투자 철학

1. 인덱스 투자(Index Investing)

보글의 가장 중요한 기여 중 하나는 인덱스 펀드의 창시입니다. 인덱스 펀드는 개별 주식을 선택하는 대신, 전체 시장 또는 특정 지수를 추종하는 펀드로, 특정 주식의 성과에 의존하지 않고 전체 시장의 평균 수익률을 목표로 합니다. 보글은 개별 주식을 선택하는 것보다 전체 시장에 투자하는 것이 더 안정적이며, 장기적으로 더 높은 수익을 얻을 수 있다고 믿었습니다.

2. 저비용 투자

보글은 저비용 구조를 강조하며, 투자자가 불필요한 수수료를 피하는 것이 얼마나 중요한지를 강조했습니다. 그는 많은 전통적인 펀드가 높은 수수료를 부과하여 투자자의 수익을 잠식한다고 보았고, 이를 해결하기 위해 저비용 인덱스 펀드를 설계했습니다. 이러한 비용 절감은 장기적으로 투자 성과에 큰 차이를 만들 수 있습니다.

3. 장기 투자 전략

보글은 짧은 기간의 시장 변동성에 흔들리지 말고, 장기적인 시각을 가지고 투자를 지속하는 것이 중요하다고 보았습니다. 시장은 단기적으로는 예측할 수 없지만, 장기적으로는 주식 시장이 성장한다는 점에 집중해야 한다고 주장했습니다. 그는 시간의 흐름이 가장 큰 이익을 준다는 복리 효과의 중요성을 강조했습니다.

4. 시장의 효율성 믿음

보글은 시장의 효율성을 신뢰했습니다. 그는 주식 시장이 정보를 빠르게 반영하고 있기 때문에, 개별 투자자가 시장보다 더 나은 성과를 내기란 매우 어렵다고 보았습니다. 따라서 개별 주식의 선택보다는, 시장 전체에 투자하는 것이 더 나은 결과를 가져올 것이라고 믿었습니다.

존 보글의 투자 마인드는 장기 투자, 비용 절감, 분산 투자에 중점을 둡니다. 그는 투자자가 장기적으로 시장의 성장에 기대어 자산을 증식할 수 있도록, 단순하면서도 효율적인 방법을 제시했습니다. 그의 철학은 주식 시장의 평균 수익률을 목표로 하고, 불필요한 비용을 줄이며, 시장 전체에 투자하는 것이 성공적인 투자로 이어질 수 있다고 강조합니다.

6장

기업 분석과 주식 선택

기업의 내재 가치를 분석하고 그에 맞는 투자를 해야 합니다. 투자 마인드셋에 맞는 주식을 선택하는 전략이 필요합니다. 리스크 관리는 투자의 필수 요소로, 분산 투자를 통해 안정성을 높여야 합니다.

기업의 재무 상태와 성장 가능성을 종합적으로 평가하는 능력이 중요합니다. 단순한 주가 움직임보다는 기업의 질을 파악해야 합니다. 장기적으로 성장할 수 있는 기업에 투자하는 것이 성공의 비결입니다.

기업의 가치를 평가하는 기본 원칙

기업의 가치를 평가하는 것은 주식 투자의 핵심 과정입니다. 이 과정을 통해 투자자는 해당 기업이 장기적으로 성장할 가능성이 있는지, 현재 주식 가격이 적정한지 판단할 수 있습니다. 이를 위해서는 기업의 **재무 상태**뿐만 아니라 **산업의 특성**과 **미래 성장 가능성**을 종합적으로 고려해야 합니다. 다음은 기업 가치를 평가하는 기본 원칙을 설명합니다.

1. 재무제표 분석

기업 가치를 평가할 때 가장 중요한 것은 재무제표입니다. 재무제표는 기업의 재무 상태를 객관적으로 보여주는 자료로, **손익계산서, 대차대조표, 현금흐름표** 세 가지가 핵심입니다.

- **손익계산서** : 기업이 일정 기간 동안 벌어들인 수익과 지출을 보여줍니다. 이를 통해 기업이 얼마나 수익성이 있는지, 그리고 이익을 꾸준히 창출하고 있는지를 알 수 있습니다. 지속적으로 이익을 창출하는 기업은 성장 가능성이 높습니다.
- **대차대조표** : 기업의 자산과 부채를 보여주는 자료입니다. 기업이 소유하고 있는 자산이 부채보다 많다면 재정적으로 안정적이라고 평가할 수 있습니다. 부채 비율이 지나치게 높은 기업은 금리 상승이나 경기 침체에 취약할 수 있습니다.
- **현금흐름표** : 기업이 실제로 현금을 얼마나 보유하고 있는지를 보여줍니다. 이익이 발생하더라도 현금이 충분하지 않으면 운영이 어려워질 수 있습니다. 자유 현금 흐름이 안정적인 기업은 배당 지급 능력이 높고, 성장 투자에 필요한 자금을 확보할 가능성이 큽니다.

2. PER, PBR, ROE와 같은 지표

재무제표 분석을 보완하는 대표적인 투자 지표로는 PER(주가수익비율), PBR(주가순자산비율), ROE(자기자본이익률) 등이 있습니다.

- **PER(Price to Earnings Ratio)** : PER은 현재 주가가 기업의 수익에 비해 고평가되어 있는지 저평가되어 있는지를 나타냅니다. PER이 높으면 주가가 상대적으로 비싸다는 뜻이고, 낮으면 저

평가되었을 가능성이 있습니다. 하지만, PER이 높더라도 성장 가능성이 큰 기업일 경우에는 적정하다고 볼 수 있습니다.

- PBR(Price to Book Ratio) : PBR은 주가와 기업의 순자산(자산에서 부채를 뺀 것)을 비교한 지표입니다. PBR이 1보다 낮으면, 기업의 자산가치에 비해 주가가 저평가되었음을 의미합니다. 하지만, 산업의 특성에 따라 PBR의 적정 수준이 다를 수 있습니다.

- ROE(Return on Equity) : ROE는 기업이 자기자본을 얼마나 효율적으로 활용해 이익을 내고 있는지를 나타냅니다. ROE가 높을수록 기업이 자본을 효과적으로 운용하고 있다는 뜻입니다. ROE가 15% 이상이면 매우 우수한 기업으로 평가될 수 있습니다.

3. 미래 성장 가능성

기업의 과거 실적만으로는 그 가치를 충분히 평가할 수 없습니다. 미래의 성장 가능성을 고려해야 하는데, 이는 산업 내 경쟁 위치, 연구개발(R&D) 투자, 글로벌 확장 계획 등을 평가하여 판단합니다.

- **산업 성장성** : 기업이 속한 산업이 앞으로 성장할 가능성이 큰지를 평가해야 합니다. 예를 들어, IT, 헬스케어, 친환경 에너지와 같은 산업은 향후에도 지속적으로 성장할 가능성이 큽니다. 반면, 성숙 단계에 접어든 산업은 제한적인 성장 가능성을 보일 수 있습니다.

- **연구개발 투자** : 기업의 R&D 투자는 미래 성장을 이끌어갈 중요한 지표입니다. 기술 혁신이나 신제품 개발을 통해 새로운 시장을 개척하는 기업은 장기적으로 높은 가치를 지닐 가능성이 큽니다. 예를 들어, AI나 전기차 관련 기술을 연구하고 있는 기업은 앞으로 더 큰 시장 점유율을 차지할 가능성이 큽니다.
- **경쟁 우위** : 기업이 경쟁사들보다 차별화된 강점을 가지고 있는지 확인하는 것도 중요합니다. 브랜드 가치, 특허, 독점 기술, 가격 경쟁력 등이 해당될 수 있습니다. 이러한 경쟁 우위를 바탕으로 기업이 안정적으로 수익을 창출할 수 있는지 파악해야 합니다.

4. 경제적 해자(Economic Moat)

경제적 해자는 기업이 경쟁사로부터 자신을 보호할 수 있는 강력한 방어 능력을 의미합니다. 경제적 해자가 넓은 기업은 경쟁이 치열한 상황에서도 지속적인 이익을 창출할 수 있습니다.

- **브랜드 가치** : 소비자들이 신뢰하고 선호하는 브랜드는 다른 기업들이 쉽게 경쟁할 수 없는 중요한 자산입니다. 예를 들어, 애플(Apple)이나 코카콜라(Coca-Cola)는 강력한 브랜드 가치를 통해 경쟁사와의 차별화를 유지하고 있습니다.
- **네트워크 효과** : 사용자가 많을수록 그 가치가 커지는 비즈니스

모델도 경제적 해자의 중요한 요소입니다. 예를 들어, 페이스북 (Facebook)이나 구글(Google) 같은 플랫폼은 사용자 네트워크가 확장될수록 경쟁자를 배제하는 효과가 발생합니다.

- **규모의 경제** : 대규모로 생산을 할 수 있는 기업은 단가를 낮추고, 경쟁사보다 유리한 가격으로 제품을 제공할 수 있습니다. 규모의 경제를 실현하는 기업은 경쟁사보다 유리한 위치에 설 수 있습니다.

5. 경영진의 역량

기업의 가치를 평가할 때 경영진의 역량을 무시할 수 없습니다. 기업의 성공은 경영진의 전략적 판단과 리더십에 따라 크게 좌우됩니다. 경영진이 얼마나 혁신적이고, 위험을 잘 관리하며, 투명하게 경영하는지가 기업의 장기적인 성장에 중요한 역할을 합니다.

- **경영진의 비전** : 경영진이 미래에 대한 명확한 비전을 가지고 있는지, 그리고 이를 실현할 수 있는 능력을 갖추고 있는지 평가해야 합니다. 새로운 사업 기회를 잘 발굴하고, 변화를 리드할 수 있는 경영진은 기업의 성공 가능성을 높입니다.

기업 가치를 평가하는 기본 원칙은 재무제표 분석을 바탕으로 PER, PBR, ROE와 같은 주요 지표를 활용하고, 미래 성장 가능성과 경제적 해자, 그리고 경영진의 역량을 종합적으로 고려하는 것입니다. 이러한 요소를 체계적으로 분석함으로써, 투자자는 기업의 가치를 정확히 평가하고 장기적인 성공 가능성을 높일 수 있습니다.

마인드셋에 맞춘 주식 선택 전략

주식 투자에서 마인드셋은 매우 중요한 역할을 합니다. 투자자의 마인드셋에 따라 주식 선택 전략은 크게 달라질 수 있으며, 적절한 마인드셋을 갖추는 것은 장기적인 성공을 위해 필수적입니다. 성공적인 주식 선택 전략을 수립하기 위해서는 투자자의 성향, 리스크 수용 능력, 투자 목표에 맞는 주식을 선택하는 것이 중요합니다.

1. 장기 투자자 마인드셋 : 성장성 중심의 주식 선택

장기 투자자는 기업의 성장 가능성에 집중하는 마인드셋을 가져야 합니다. 단기적인 시장 변동성에 휘둘리기보다는, 기업이 장기적으로 성과를 낼 수 있는지를 평가하는 것이 중요합니다.

- **성장주 선택** : 장기적으로 빠르게 성장할 수 있는 성장주에 투

자하는 전략이 있습니다. 이러한 주식은 현재 수익률이 낮더라도, 미래에 큰 성장을 이룰 가능성이 있는 기업들입니다. 대표적인 예로는 기술 혁신이 중요한 산업, 친환경 에너지, IT와 같은 고성장 산업의 기업들이 있습니다.

- **배당주와 안정적인 대기업** : 장기적인 관점에서 투자자는 배당을 꾸준히 지급하는 기업에도 주목할 수 있습니다. 배당주는 장기적으로 안정적인 수익을 기대할 수 있으며, 대기업이나 재정적으로 안정적인 기업은 경기 변동에도 영향을 덜 받는 편입니다. 이러한 기업들은 투자자가 꾸준한 현금 흐름을 유지하면서 안정적인 성장을 기대할 수 있게 해줍니다.

- **기업의 가치와 미래 비전 평가** : 장기 투자자들은 단기적인 이익보다는 기업의 미래 비전에 중점을 둬야 합니다. 기업이 성장할 시장 기회를 어떻게 보고 있는지, 연구개발에 얼마나 투자하고 있는지를 평가하는 것이 중요합니다. 특히 미래 산업 트렌드에 부합하는 기업에 투자하는 것이 장기적인 성공에 중요한 역할을 합니다.

2. 단기 투자자 마인드셋 : 변동성 활용

단기 투자자는 주식 시장의 변동성을 적극적으로 활용하는 마인드셋을 가져야 합니다. 단기적인 수익을 얻기 위해서는 빠르게 변화하는 시장 상황에 적응하고, 변동성을 이용해 매수와 매도를 결정하는 것이 중요합니다.

- **기술적 분석 기반의 주식 선택** : 단기 투자자는 기술적 분석을 통해 주식을 선택하는 경우가 많습니다. 차트 패턴, 이동평균선, 거래량 분석 등을 활용하여 주식의 상승 또는 하락 추세를 파악하고, 매매 타이밍을 결정합니다. 예를 들어, 골든크로스(단기 이동평균선이 장기 이동평균선을 상향 돌파하는 시점)를 신호로 매수 결정을 할 수 있습니다.

- **높은 거래량과 변동성을 가진 주식 선택** : 단기 투자자는 거래량이 많고 변동성이 큰 주식에 주목합니다. 변동성이 클수록 단기적인 가격 차이를 이용한 수익 기회가 많기 때문에, 주가가 급격하게 오르내리는 주식을 선호합니다. 다만, 이러한 주식은 리스크가 크기 때문에 신속하고 정확한 매매가 필요합니다.

- **뉴스와 시장 이슈 활용** : 단기 투자자들은 뉴스와 시장 이슈에 민감하게 반응하는 주식을 선택하기도 합니다. 새로운 기술 발표, 기업의 분기 실적 발표, 글로벌 경제 지표 등 단기적인 변동을 일으킬 수 있는 요소들을 빠르게 파악해 투자 기회를 잡습니다. 다만, 너무 많은 뉴스에 휘둘리지 않고 선별된 정보를 기반으로 전략을 세우는 것이 중요합니다.

3. 분석적 마인드셋 : 주식 선택을 위한 데이터 기반 의사결정

이 전략은 감정적인 반응을 줄이고, 객관적이고 체계적인 데이터를 기반으로 주식을 선택하는 접근 방식입니다.

- **데이터 분석을 통한 주식 선택** : 분석적 마인드셋을 가진 투자자는 재무제표, 경제 지표, 차트 분석 등의 데이터를 면밀히 분석하여 투자 결정을 내립니다. 예를 들어, 주가가 상승할 가능성이 있는 기업의 실적을 미리 분석하고, 그 기업이 속한 산업의 성장 가능성을 평가하는 것이 중요한 단계입니다.
- **데이터 기반 의사결정** : 감정에 휘둘리지 않고, 데이터를 기반으로 한 냉철한 판단을 내리는 것이 이 전략의 핵심입니다. 투자자는 실적 발표, 경제 지표, 국제 정세 등의 데이터를 객관적으로 해석하여 적절한 매수·매도 타이밍을 잡습니다.
- **모델링과 툴 활용** : 현대의 투자자들은 다양한 분석 도구와 모델링 툴을 활용하여 데이터를 시각화하고 예측 모델을 구축할 수 있습니다. 예를 들어, 특정 산업의 성장률이나 주가 변동 패턴을 예측하기 위해 알고리즘을 활용하는 것도 가능합니다. 이를 통해 투자자는 보다 명확한 근거를 바탕으로 주식 선택을 할 수 있습니다.

4. 심리적 안정감 유지

주식 선택 전략에서 중요한 것은 심리적인 안정감을 유지하는 것입니다. 시장의 단기적인 변동에 너무 민감하게 반응하면 감정적으로 결정을 내릴 위험이 큽니다. 특히 시장이 크게 하락할 때에는 공포심이 커지고, 시장이 급등할 때에는 과도한 욕심이 생길 수 있습니다.

- **장기적인 관점에서 투자 계획 유지** : 시장이 하락할 때나 변동성이 클 때도 장기적인 계획을 유지하는 것이 중요합니다. 장기적인 목표를 설정하고, 일시적인 시장 변동에 흔들리지 않도록 자신의 투자 계획을 꾸준히 실행하는 것이 필요합니다. 이를 통해 감정적인 대응을 줄이고, 더 나은 투자 성과를 얻을 수 있습니다.
- **감정 통제 훈련** : 주식 투자에서는 자신의 감정을 잘 통제하는 훈련도 필요합니다. 주가 변동에 대한 과도한 불안이나 기대감은 잘못된 판단을 불러일으킬 수 있습니다. 감정을 통제하고, 객관적인 데이터와 분석을 바탕으로 결정을 내리는 습관을 길러야 합니다.

마인드셋에 맞춘 주식 선택 전략은 투자자의 성향과 목표에 따라 달라집니다. 장기 투자자는 성장 가능성이 있는 기업에 초점을 맞추고, 단기 투자자는 변동성을 활용하여 수익을 창출하며, 리스크 관리 마인드셋은 분산 투자와 손절매 전략을 통해 안정성을 유지합니다. 중요한 것은 시장 상황에 흔들리지 않고 자신만의 투자 원칙을 지키며, 감정적 대응을 최소화하는 것입니다.

리스크 관리와 분산 투자

주식 투자는 리스크와 항상 함께합니다. 투자자들이 수익을 기대하면서도 불확실한 상황에 대비해야 하는 이유가 바로 이 리스크입니다. 따라서 리스크를 잘 관리하고, 분산 투자를 통해 **위험을 최소화**하는 것이 중요합니다. 주식 시장에서 성공하기 위해서는 감정적인 결정을 피하고, 철저한 리스크 관리와 분산 투자 전략을 세우는 것이 필수적입니다.

1. 리스크 관리란 무엇인가?

리스크 관리는 투자에서 예상치 못한 손실을 최소화하는 전략입니다. 주식 시장은 변동성이 크기 때문에 리스크를 잘 관리하지 않으면 큰 손실을 입을 수 있습니다. 리스크 관리에는 **감정적 대응**을 피하고, 주식의 **가치 변동에 대비**하는 다양한 전략이 포함됩니다.

- **리스크 수용 범위 설정** : 투자자는 자신의 리스크 수용 범위를 설정해야 합니다. 이는 감당할 수 있는 손실의 한계를 미리 정하는 것을 의미합니다. 리스크 수용 범위는 투자자의 자산 규모, 투자 목표, 성향에 따라 다릅니다. 예를 들어, 젊고 장기적인 투자를 목표로 하는 투자자는 더 큰 리스크를 감당할 수 있지만, 은퇴 후의 안전한 수익을 기대하는 투자자는 리스크를 더 신중하게 관리해야 합니다.
- **손절매 전략** : 손절매는 주가가 일정 수준 이하로 하락할 경우, 감정에 휘둘리지 않고 미리 정한 손실 범위 내에서 주식을 매도하는 전략입니다. 손절매는 큰 손실을 방지하고, 시장의 변동성에 흔들리지 않는 중요한 리스크 관리 도구입니다.
- **포트폴리오 점검** : 정기적으로 포트폴리오를 점검하여 각 주식의 리스크와 수익성을 평가하는 것도 리스크 관리의 중요한 부분입니다. 기업의 실적이나 시장 환경이 변하면 포트폴리오를 재구성하여 리스크를 조정해야 합니다.

2. 분산 투자란 무엇인가?

분산 투자는 한 주식이나 산업에 집중하지 않고, **여러 주식과 자산**에 나누어 투자하는 전략입니다. 이는 리스크를 줄이고, 특정 자산의 변동성에 덜 민감하게 대응할 수 있도록 돕습니다.

- **다양한 산업에 투자** : 특정 산업에만 투자하면 그 산업의 경기 상황에 따라 포트폴리오 전체가 영향을 받을 수 있습니다. 예를 들어, 기술주에만 집중 투자하면 IT 산업이 불황일 때 큰 손실을 볼 수 있습니다. 따라서 IT, 헬스케어, 금융 등 다양한 산업에 걸쳐 주식을 선택함으로써 리스크를 분산할 수 있습니다.
- **자산군 간 분산** : 분산 투자는 주식에만 국한되지 않습니다. 채권, 부동산, 금과 같은 다른 자산군에도 투자하는 것이 리스크를 줄이는 좋은 방법입니다. 각 자산군은 경제 상황에 따라 다르게 반응하기 때문에, 특정 자산이 하락해도 다른 자산이 그 손실을 상쇄할 수 있습니다.
- **글로벌 분산 투자** : 한 국가에만 의존하는 대신 글로벌 분산 투자를 고려할 수 있습니다. 국가별 경제 상황은 서로 다르기 때문에, 글로벌 시장에 투자하면 특정 국가의 경기 침체로 인한 리스크를 줄일 수 있습니다. 예를 들어, 미국 주식뿐만 아니라, 유럽, 아시아 시장에도 분산 투자하는 방식입니다.

3. 감정에 휘둘리지 않고 리스크 관리하기

리스크 관리의 핵심은 **감정적인 반응을 줄이는 것**입니다. 시장이 급락하거나 상승할 때 투자자는 공포나 탐욕에 휩싸여 감정적인 결정을 내리기 쉽습니다. 그러나 장기적인 성공을 위해서는 이러한 감정을 억제하고, **객관적인 분석**을 바탕으로 리스크를 관리해야 합니다.

- **장기적인 관점 유지** : 주식 시장의 단기적인 변동성에 과도하게 반응하는 것은 리스크 관리에 부정적인 영향을 미칠 수 있습니다. 시장이 하락할 때에도 기업의 장기적인 성장 가능성을 보고 투자 결정을 유지하는 것이 중요합니다.
- **정기적인 점검과 수정** : 감정적인 결정을 피하기 위해서는 정기적으로 포트폴리오를 점검하고, 투자 계획에 맞춰 리스크를 조정하는 습관을 가져야 합니다. 주기적인 점검을 통해 지나치게 위험한 주식은 매도하고, 안정적인 주식이나 자산으로 재분배하는 것이 필요합니다.

4. 리스크를 줄이기 위한 추가 전략

리스크를 줄이기 위해 몇 가지 추가적인 전략을 고려할 수 있습니다.

- **ETF 투자** : ETF(Exchange Traded Fund)는 다양한 주식이나 자산으로 구성된 펀드로, 하나의 자산에만 투자하는 것보다 리스크를 줄일 수 있습니다. ETF를 통해 다양한 산업이나 국가에 분산 투자하는 효과를 얻을 수 있습니다.
- **배당주 투자** : 배당을 꾸준히 지급하는 주식에 투자하면, 시장의 변동성과 상관없이 안정적인 현금 흐름을 기대할 수 있습니다. 배당주 투자는 안정적인 수익을 원하는 투자자에게 적합한 리스크 관리 전략입니다.

- **헤지 전략** : 주식 투자에서 리스크를 줄이기 위한 헤지 전략도 고려할 수 있습니다. 예를 들어, 주가가 하락할 가능성에 대비해 옵션이나 선물을 이용해 일부 리스크를 상쇄하는 방식입니다.

리스크 관리와 분산 투자는 주식 투자에서 필수적인 전략입니다. 투자자는 자신의 리스크 수용 범위를 설정하고, 분산 투자를 통해 다양한 자산에 분배하여 리스크를 줄여야 합니다. 또한, 감정적인 반응을 줄이고, 장기적인 관점에서 리스크를 관리하는 것이 성공적인 투자의 열쇠입니다.

거장들의 투자 마인드와 철학

조지 소로스

조지 소로스는 세계적인 헤지펀드 매니저로, 특히 **매크로 투자**와 **통화 거래**로 유명합니다. 소로스의 투자 마인드는 시장의 비효율성과 불균형을 이용하여 큰 수익을 얻는 전략에 기반하며, 그의 철학은 시장이 항상 합리적이지 않으며 투자 기회는 여기서 발생한다는 점에 중점을 둡니다. 그는 시장의 움직임을 예측하는 데 있어 경제적, 정치적 요인들을 종합적으로 분석하며, 단기적인 급격한 변동을 포착해 적극적으로 베팅하는 스타일을 선호합니다.

조지 소로스의 투자 마인드

1. 비대칭적 투자 기회 포착

소로스는 시장이 항상 효율적으로 움직이지 않는다고 봅니다. 그는 시장에서 비대칭적인 정보를 통해 투자 기회를 찾습니다. 특정 자산이나 통화가 과도하게 평가되거나, 과소평가된 상황을 포착하여 이 불균형이 해결되기 전에 공격적으로 베팅하는 방식을 택했습니다. 이를 통해 소로스는 엄청난 수익을 올릴 수 있었습니다.

2. 리플렉시비티(Reflexivity)

소로스의 가장 독창적인 개념 중 하나는 리플렉시비티입니다. 이 이론은 시장의 참가자들이 그들의 신념과 기대에 따라 행동하며, 그들의 행동이 시장에 영향을 미치고, 그 변화된 시장이 다시 그들의 기대에 영향을 준다는 순환적 관계를 설명합니다. 다시 말해, 투자자들의 기대가 시장의 현실을 만들어내며, 이러한 상호작용이 시장에서 과도한 상승이나 하락을 초래할 수 있다는 것입니다. 소로스는 이러한 과도한 움직임을 포착해 투자 결정을 내렸습니다.

3. 리스크 관리와 손실 제한

소로스는 항상 리스크 관리를 중요시했습니다. 그는 자신의 투자가 잘못된 방향으로 가고 있다고 판단될 때, 과감하게 포지션을 철회하거나 손실을 제한하는 방식으로 대응했습니다. 그는 시장의 방향을 예측하는 데 실패할 가능성을 염두에 두고, 언제든지 계획을 수정할 준비가 되어 있었습니다. 이 같은 유연성과 철저한 리스크 관리는 그의 성공적인 투자 전략의 핵심이었습니다.

4. 정치적, 경제적 이벤트에 대한 민감성

소로스는 주식 시장뿐만 아니라 통화와 채권 시장에서도 활발히 활동했으며, 정치적, 경제적 변동성을 적극적으로 활용했습니다. 그는 특정 국가의 정치적 변화나 경제 위기가 그 나라의 통화나 자산에 미칠 영향을 예측하고, 이러한 기회를 활용해 큰 수익을 올렸습니다. 특히, 그는 1992년 영국 파운드화에 대한 공매도 베팅으로 엄청난 수익을 올리며 유명해졌습니다.

조지 소로스의 투자 철학

1. 매크로 투자(Macro Investing)

소로스의 대표적인 투자 전략은 매크로 투자입니다. 이는 글로벌 경제 흐름과 주요 국가의 경제 정책, 정치적 변화 등을 바탕으로 자산 가격의 방향성을 예측하고 투자하는 방식입니다. 소로스는 경제적, 정치적 요인들을 종합적으로 분석해 통화, 채권, 주식 등 다양한 자산에 투자했습니다. 특히, 그는 대규모 경제적 불균형이나 위기를 기회로 활용하는 방식을 택했습니다.

2. 공격적인 거래(High-Stakes Trading)

소로스는 기회가 있다고 판단될 때 매우 공격적으로 베팅하는 스타일을 가졌습니다. 그는 신념이 확고해지면 자신의 자본을 대규모로 투입하여 과감한 거래를 실행했습니다. 이 전략은 높은 위험을 동반하지만, 큰 수익을 낼 수 있는 잠재력을 가지고 있습니다. 소로스는 여러 차례 이러한 전략으로 대규모 수익을 얻었습니다.

3. 손실 인정과 빠른 대응

소로스는 잘못된 결정을 빨리 인정하고 대응하는 능력을 매우 중시했습니다. 그는 자신의 투자 전략이 틀렸다고 판단되면, 주저하지 않고 그 포지션에서 벗어나 손실을 줄이려는 노력을 기울였습니다. 이처럼 유연하고 현실적인 접근법 덕분에 그는 투자 실패를 최소화하고 장기적인 성공을 유지할 수 있었습니다.

4. 리플렉시비티와 시장의 비합리성

소로스의 철학의 핵심은 리플렉시비티 이론입니다. 그는 시장이 항상 합리적으로 움직이지 않으며, 투자자들의 기대와 행동이 오히려 시장을 비합리적으로 만들 수 있다고 믿었습니다. 이러한 시장의 비효율성은 투자 기회를 제공하며, 이 기회를 적절히 이용하는 것이 소로스의 투자 철학입니다.

조지 소로스의 투자 마인드는 시장 비효율성, 리플렉시비티, 정치적·경제적 이벤트 활용을 중심으로 합니다. 그는 글로벌 경제와 정치의 변화에 민감하게 반응하며, 이러한 변화를 포착해 거대한 수익을 언는 전략을 사용했습니다. 그의 투자 철학은 매우 공격적이면서도 유연하며, 리스크 관리를 중요시하고, 손실을 빠르게 인정하는 능력이 특징입니다.

PART 4

주식 매매와 리스크 관리

7장

주식 매매 시 가져야 할 마음가짐

매수와 매도의 기준을 명확히 세우고, 감정에 휘둘리지 않는 객관적인 판단을 유지하는 것이 중요합니다. 이익 실현과 손실 관리를 위한 올바른 마인드셋을 갖추고, 원칙에 따라 매매를 진행해야 합니다.

성공적인 매매 습관을 기르기 위해 실수를 두려워하지 않고 이를 배움의 기회로 삼는 태도가 필요합니다. 감정적 판단을 배제하고 계획에 충실한 매매가 핵심입니다.

매수와 매도의 결정 기준

주식 매매에서 중요한 것은 매수와 매도의 결정 기준을 명확히 세우는 것입니다. 매매는 단순한 숫자나 차트 분석에 의존하는 것이 아니라, 투자자의 심리적 안정성과 전략적 계획이 조화를 이루어야 합니다. 매수와 매도는 투자 성과를 크게 좌우할 수 있는 중요한 순간이기 때문에 각 상황에 맞는 올바른 기준을 갖추는 것이 필수적입니다.

매수 결정 기준 : 올바른 시점을 선택하는 법

매수는 주식 투자의 출발점입니다. 하지만 단순히 주가가 낮다고 해서 매수를 결정하면 안 됩니다. 먼저, **기업의 내재 가치**와 현재 **주가**를 비교하여 그 주식이 과대평가 또는 과소평가되었는지를 파악해야 합니다. 내재 가치는 주가와 직접적으로 관련된 요소는 아니지만, 기업의 장기적인 성장 가능성을 판단하는 데 필수적입니다.

1. 내재 가치 평가의 중요성

내재 가치는 기업의 재무 상태, 수익성, 미래 성장 가능성, 시장 점유율 등을 종합적으로 분석하여 도출됩니다. 예를 들어, 기업이 꾸준한 수익을 내고, 재무구조가 안정적이며, 향후 산업 내에서 시장 점유율을 확대할 가능성이 있다면 그 기업의 내재 가치는 높다고 할 수 있습니다. 따라서 주식의 가격이 이 내재 가치보다 낮을 때가 매수 시점이라고 볼 수 있습니다. 하지만, 단순히 주가가 떨어졌다고 매수하는 것은 위험할 수 있습니다. 가격 하락이 일시적인 요인인지, 아니면 기업의 근본적인 문제가 있는지에 대한 분석이 선행되어야 합니다.

2. 매수 타이밍 결정

매수 시점에 대한 결정은 여러 가지 외부 요소를 고려해야 합니다. 시장의 전체적인 분위기, 경기 동향, 금리 인상 또는 인하와 같은 경제적 요인, 기업의 신규 제품 출시나 M&A 등과 같은 회사 내부의 변화를 종합적으로 살펴야 합니다. 이런 여러 요소를 기반으로 종합적인 결정을 내리는 것이 중요하며, 감정적 요인에 의한 판단을 피하는 것이 필수적입니다.

한 기업이 신제품을 출시한다고 발표했을 때, 단기적으로 주가가 상승할 수 있습니다. 하지만 신제품의 성공 가능성, 해당 기업의 경쟁력을 면밀히 분석하지 않고 단순히 기대감에 매수를 결정한다면, 장기적으로 손실을 볼 가능성도 있습니다. 따라서 기업의 내재 가치를 충분히 분석한 후 결정하는 것이 필요합니다.

3. 감정적 결정 피하기

투자자들이 흔히 저지르는 실수 중 하나는 감정적 결정입니다. 주가가 급등하거나 급락할 때 투자자들은 본능적으로 공포나 탐욕에 휘말리기 쉽습니다. 특히 주가가 급락했을 때 저점에서 매수하려는 유혹에 빠질 수 있지만, 이때 냉정하게 판단해야 합니다. 주가는 시장에서의 여러 요인에 의해 변동할 수 있지만, 이러한 변동이 단기적인 현상인지 아니면 구조적인 문제인지 정확히 분석하는 것이 중요합니다. 감정에 휘둘리지 않기 위해서는 명확한 기준을 세우고 그 기준에 맞춰서 투자 결정을 내려야 합니다.

4. 목표와 계획 설정

매수 결정을 내리기 전에, 투자자는 반드시 자신의 목표와 계획을 명확히 해야 합니다. 장기적인 투자 계획인지, 단기적인 수익을 목표로 하는지에 따라 매수 기준은 달라질 수 있습니다. 장기 투자자는 가격 변동에 덜 민감해도 되지만, 단기 투자자는 주가의 변동에 더 주의를 기울여야 할 것입니다. 자신의 투자 목표에 맞는 계획을 세우고 그 계획에 맞춰 매수 결정을 내려야, 장기적으로도 안정적인 성과를 얻을 수 있습니다.

매도 결정 기준 : 이익 실현과 손실 최소화

매도는 수익을 실현하거나 손실을 줄이는 중요한 순간입니다. 하지만 매도를 결정하는 것은 매수보다 더 어려울 수 있습니다. 투자자는 이익을 얻고자 하면서도, 주가가 더 오를 것이라는 기대 때문에 매도를 주저하거나, 손실을 보고 있는 상황에서는 손절매를 망설이기도 합니다. 따라서 매도의 기준을 명확히 설정하는 것이 매우 중요합니다.

1. 이익 실현의 기준

이익을 실현할 시점을 판단하는 것은 많은 투자자들에게 어려운 문제입니다. 주가가 계속 상승할 것이라는 기대에 따라 지나치게 오랜 시간 보유하다가, 다시 하락할 위험이 있기 때문입니다. 따라서 **목표 수익률**을 미리 설정해두고, 그에 도달했을 때 매도를 고려하는 것이 좋은 방법입니다. 이익을 실현하는 시점을 정하지 않고 계속 보유하다 보면, 시장의 변동성에 휘말려 이익을 놓치게 될 가능성이 큽니다.

한 주식이 목표 수익률 20%에 도달했을 때, 추가 상승을 기대하며 매도를 미루다 주가가 다시 10%로 떨어진다면, 투자자는 추가 이익을 놓치게 됩니다. 따라서 사전에 목표를 정하고 그 목표에 맞춰 매도 시점을 결정하는 것이 좋습니다.

2. 손실 최소화의 기준

매도에서 가장 어려운 결정 중 하나는 손실을 보는 상황에서의 선택입니다. 손실을 보고 있을 때, 투자자들은 손실을 복구할 기회를 기다리며 매도를 미루는 경향이 있습니다. 그러나 손실이 일시적인 것인지, 구조적인 문제로 인한 것인지를 파악하는 것이 중요합니다. 구조적인 문제로 인해 주가가 계속 하락할 가능성이 있다면, 더 큰 손실을 막기 위해서는 빠르게 손절매를 결정하는 것이 필요합니다.

손절매 기준을 미리 설정해두는 것이 중요한 이유는, 투자자가 감정적으로 흔들리지 않고 냉정하게 매도를 결정할 수 있게 하기 때문입니다. 예를 들어, 주가가 매입가 대비 10% 하락할 경우 손절매를 실행하는 기준을 정해두면, 더 큰 손실을 방지할 수 있습니다.

3. 냉정한 판단과 계획적인 매매

매도는 이익을 실현하는 과정에서나 손실을 줄이는 과정에서 모두 중요한 역할을 합니다. 하지만 감정에 휘둘리지 않고 냉정한 판단을 내리는 것이 필수적입니다. 특히, 주식시장은 단기적으로 큰 변동을 겪을 수 있기 때문에, 투자자는 **장기적인 관점**을 유지하면서 매도 결정을 내려야 합니다. 이를 위해서는 사전에 설정한 목표와 계획을 충실히 따르는 것이 좋습니다.

매수와 매도의 결정 기준을 명확히 설정하고, 감정적인 결정을 피하는 것이 주식 투자에서 성공의 열쇠입니다. 주식 매매는 단순한 숫자의 문제가 아니라, 분석과 심리적인 안정성이 모두 요구되는 복합적인 과정입니다. 장기적인 안목과 냉철한 판단을 통해 올바른 매매 습관을 기르면, 투자자는 안정적으로 성과를 유지할 수 있을 것입니다.

이익 실현과 손실 관리에서의 마인드셋

주식 매매에서 이익 실현과 손실 관리는 투자자가 반드시 갖추어야 할 중요한 마음가짐을 요구하는 단계입니다. 이익을 실현할 때 지나친 탐욕을 피하고, 손실을 관리할 때 두려움에 빠지지 않는 것이 성공적인 투자자가 되기 위한 필수적인 자세입니다. 이 두 가지 과정을 올바르게 이해하고 적용하는 것은 주식 시장에서 장기적으로 안정된 수익을 유지하는 데 매우 중요합니다.

이익 실현에서의 마음가짐

1. 목표를 미리 설정하는 것이 중요하다.

이익 실현은 주식 투자의 궁극적인 목적 중 하나입니다. 하지만 문제는 언제 이익을 실현할지를 결정하는 것입니다. 많은 투자자들이 주가가 더 오를 것이라는 기대감에 매도를 주저하다가, 시장이 갑자기 하락하면 예상보다 적은 이익을 실현하거나 손실을 보게 됩니다. 따라서 사전에 **목표 수익률**을 설정해 두는 것이 필수적입니다. 예를 들어, 주식을 매수할 때 10%의 이익이 발생하면 매도하겠다는 명확한 기준을 세워두면, 투자 과정에서 흔들리지 않고 일관된 결정을 내릴 수 있습니다.

2. 욕심을 조절하는 법을 익혀야 한다.

이익 실현에서 가장 큰 장애물 중 하나는 **탐욕**입니다. 주가가 계속 오를 때, 투자자는 더 높은 수익을 기대하게 되며 매도를 망설이게 됩니다. 하지만 지나친 욕심은 자칫 큰 손실로 이어질 수 있습니다. 시장은 변동성이 크기 때문에 한 순간의 주가 상승이 지속되지 않을 가능성도 큽니다. 따라서 적정한 수익률에 도달했을 때 과감히 이익을 실현하고, 더 큰 이익을 쫓는 대신 안정적인 수익을 취하는 것이 장기적으로 더 나은 전략이 될 수 있습니다.

3. 주가 변동에 과도하게 반응하지 않는 태도가 필요하다.

주식 시장은 매일 변동합니다. 주가가 급등할 때 너무 흥분하거나, 반대로 약간의 하락에 대해 지나치게 불안해하는 것은 투자에 있어 바람직하지 않습니다. 이러한 감정적 반응은 오히려 잘못된 결정을 초래할 수 있습니다. 따라서 이익 실현 시에는 주가의 일시적인 변동에 흔들리지 않고, 사전에 세운 전략에 맞게 매도 결정을 내리는 것이 중요합니다.

손실 관리에서의 마음가짐

1. 손실을 인정하는 것이 필요하다.

주식 투자의 현실은 항상 이익만을 기대할 수 없다는 점입니다. 손실은 불가피한 부분이며, 이를 받아들이는 마음가짐이 필요합니다. 많은 투자자들이 손실을 보더라도 주가가 다시 회복될 것이라는 기대감에 매도를 망설이게 됩니다. 하지만 때로는 손실을 **빠르게 인정**하고 손절매를 실행하는 것이 장기적으로 더 나은 선택이 될 수 있습니다. 손절매 기준을 사전에 설정하고, 그 기준에 맞게 결단력 있게 행동하는 것이 필요합니다.

2. 감정에 휘둘리지 않는 냉철함을 유지해야 한다.

손실이 발생했을 때 인간은 본능적으로 공포와 불안을 느낍니다. 그러나 이러한 감정이 매매에 영향을 미치지 않도록 하는 것이 중요합니다. 주가가 하락했을 때 감정적으로 반응하여 매도하거나, 반대로 하락이 더 진행될 것이라고 무작정 매도하는 것이 아니라, **객관적인 분석과 논리적인 판단**을 바탕으로 손실 관리를 해야 합니다. 손실을 본 상태에서는 손절매가 불가피할 때도 있습니다. 이때 감정적으로 결정하지 않고 냉철하게 판단해야만 더 큰 손실을 막을 수 있습니다.

3. 회복 가능성에 대한 냉정한 판단이 필요하다.

어떤 주식은 일시적인 악재로 인해 주가가 하락할 수 있지만, 장기적으로 회복될 가능성도 있습니다. 하지만 모든 하락이 회복될 수 있는 것은 아닙니다. 기업의 펀더멘털(기초적인 재무 상태)이나 산업의 전반적인 흐름을 분석한 후, 이 주식이 다시 상승할 가능성이 높지 않다고 판단된다면 **미련 없이 매도**하는 것이 현명할 수 있습니다. 반대로, 일시적인 악재로 인해 주가가 하락한 것이라면, 장기적인 관점에서 추가 손실을 감수하면서 보유를 유지할 수 있습니다. 이러한 결정을 내릴 때는 냉철한 분석과 객관적인 정보가 기반이 되어야 합니다.

이익 실현과 손실 관리를 연결하는 마음가짐

이익 실현과 손실 관리는 각각 다른 성격을 가지고 있지만, 공통적으로 중요한 것은 **일관된 마음가짐**입니다. 매번 다른 상황에 따라 감정적으로 반응하지 않고, 사전에 설정한 기준과 전략에 따라 일관된 결정을 내리는 것이 주식 투자의 성패를 좌우합니다. 이익이 날 때도, 손실이 발생할 때도 투자자는 흔들리지 않고 자신의 계획을 따르는 것이 중요합니다. 이익 실현과 손실 관리는 결국 투자자가 시장에서 **스스로의 감정과 결정을 어떻게 관리하는가**에 달려 있으며, 이를 통해 장기적인 성공을 추구할 수 있습니다.

이와 같은 마음가짐을 갖추면, 투자자는 불확실한 주식 시장에서도 안정적인 판단을 내릴 수 있으며, 장기적으로 성공적인 투자를 이어갈 수 있을 것입니다.

성공적인 매매 습관 기르기

주식 매매에서 성공적인 매매 습관을 기르는 것은 단순한 기술적인 문제뿐 아니라, 투자자의 심리적 안정성과 꾸준한 학습이 결합되어야 이루어질 수 있는 중요한 과정입니다. 성공적인 투자자는 일관된 습관을 통해 감정적인 결정을 최소화하고, 자신의 전략을 지속적으로 실행할 수 있어야 합니다.

꾸준한 학습과 자기 발전의 중요성

주식 투자는 한 번의 매매로 끝나는 일이 아닙니다. 성공적인 매매 습관을 기르기 위해서는 **지속적인 학습**이 필수적입니다. 주식 시장은 끊임없이 변화하고 있으며, 새로운 경제적, 정치적 요인들이 주가에 영향을 미칩니다. 따라서 투자자는 시장의 변화에 따라 필요한 정보를 꾸준히 업데이트해야 합니다.

1. 시장 분석과 지표 이해

성공적인 투자자는 시장을 제대로 이해하기 위해 경제 지표, 금리 변동, 기업 실적 등을 지속적으로 **분석하는 습관**을 가져야 합니다. 예를 들어, 금리 인상이 예정되어 있다면 그로 인해 주식 시장에 어떤 영향이 있을지, 기업 실적이 주가에 어떤 방식으로 반영될지를 학습하고 예측하는 능력을 기르는 것이 필요합니다. 이를 통해 무작정 매매하는 것이 아니라, 시장 상황을 종합적으로 파악하고 전략을 세우는 습관을 길러야 합니다.

2. 끊임없는 피드백과 개선

자신의 매매 기록을 분석하는 것도 매우 중요한 습관입니다. 투자자들은 종종 자신이 왜 수익을 올렸는지, 왜 손실을 보았는지에 대해 깊이 생각하지 않고 지나치는 경향이 있습니다. 하지만 매매 후에는 반드시 자신이 내린 결정을 되돌아보고 **피드백**을 받는 것이 중요합니다. 이를 통해 잘못된 결정이 무엇이었는지, 개선할 점은 무엇인지 스스로 파악하고 이를 다음 투자에 반영하는 과정을 반복하는 것이 성공적인 매매 습관으로 이어집니다.

감정적 결정을 피하는 습관

주식 시장에서 감정적 반응은 투자자에게 가장 큰 적이 될 수 있습니다. 주가의 변동에 따라 충동적으로 매수하거나 매도하는 것은 장기적인 성공을 방해합니다. 따라서 감정적 결정을 최소화하는 습관을 기르는 것이 매우 중요합니다.

1. 계획에 충실하기

매매를 할 때 가장 중요한 것은 **사전에 세운 계획**에 충실하는 것입니다. 매매를 시작하기 전에, 목표 수익률과 손절매 기준을 명확하게 설정해두고, 그에 맞춰 매매하는 습관을 들여야 합니다. 주가가 급등하거나 급락할 때 충동적으로 행동하는 대신, 사전에 설정한 기준을 철저히 지키는 습관을 기르면 감정적인 결정을 피할 수 있습니다.

예를 들어, 목표 수익률이 10%라면 주가가 더 오를 것 같다고 생각하더라도 그 수익률에 도달했을 때 매도하는 것이 필요합니다. 반대로 손절매 기준이 5%로 정해졌다면, 그 손실이 발생했을 때 미련 없이 매도하는 습관을 길러야 합니다. 이는 성공적인 투자자의 필수적인 마음가짐이며, 감정적 결정을 줄이는 방법입니다.

2. 시장의 노이즈에 휘둘리지 않기

주식 시장에서는 매일 수많은 정보와 뉴스가 쏟아집니다. 그 중

많은 정보는 일시적이며, 실제로 주가에 큰 영향을 미치지 않는 경우도 많습니다. 이러한 **노이즈**에 휘둘리지 않고, 중요한 정보만을 선별해내는 습관을 기르는 것이 필요합니다. 지나치게 많은 정보를 접하면 혼란스러워지고, 잘못된 판단을 내리기 쉬워집니다. 따라서 자신의 투자 철학과 기준에 맞는 정보를 찾아내고, 그 정보에 집중하는 것이 성공적인 매매 습관으로 이어집니다.

리스크 관리와 분산 투자 습관

성공적인 매매 습관의 핵심 중 하나는 **리스크 관리**입니다. 주식 투자는 언제나 위험이 따르기 때문에, 그 위험을 최소화하는 전략을 세우고 실행하는 것이 중요합니다.

1. 분산 투자의 중요성

한 종목에 모든 자금을 집중하는 것은 매우 위험한 전략입니다. 어떤 종목이 아무리 유망해 보이더라도, 특정 사건이나 예기치 못한 상황에서 주가가 크게 하락할 가능성은 항상 존재합니다. 따라서 분산 투자를 통해 리스크를 줄이는 것이 필요합니다. 여러 산업, 여러 기업에 분산하여 투자하면 특정 종목의 리스크가 전체 포트폴리오에 미치는 영향을 최소화할 수 있습니다.

2. 리스크를 감수할 수 있는 범위 설정

모든 투자에는 일정 수준의 리스크가 따릅니다. 따라서 투자자는 자신이 감당할 수 있는 리스크의 범위를 명확히 설정하고, 그 범위 내에서 매매하는 습관을 길러야 합니다. 리스크가 자신이 설정한 범위를 벗어나면 과감히 손절매를 해야 하며, 감정적으로 손실을 키우는 행동을 피해야 합니다.

3. 손절매의 일관성

손절매는 감정적으로 결정하기 어려운 부분 중 하나입니다. 하지만 손절매 기준을 설정하고 이를 일관되게 지키는 것이 중요합니다. 성공적인 투자자는 작은 손실을 감수함으로써 더 큰 손실을 막는 습관을 가지고 있습니다. 손절매를 망설이게 되면 손실이 눈덩이처럼 불어날 수 있기 때문에, 명확한 손절매 기준을 세우고 그것을 지키는 것이 성공적인 매매 습관의 중요한 부분입니다.

꾸준한 매매 기록과 분석

성공적인 매매 습관을 기르기 위해서는 자신의 매매 기록을 철저하게 **기록하고 분석하는 습관**을 들여야 합니다. 어떤 종목을 언제 매수하고 매도했는지, 그때의 시장 상황과 자신의 결정 이유를 기록하는 것은 다음 투자에 큰 도움이 됩니다. 이를 통해 자신의 잘못된 판단 패턴을 발견할 수 있으며, 더 나은 결정을 내릴 수 있게 됩니다.

자신의 매매 기록을 주기적으로 돌아보고, 성공적인 매매와 실패한 매매를 분석하여 그 원인을 파악하는 것이 필요합니다. 이러한 평가 과정을 거치면, 투자자는 자신의 매매 습관을 꾸준히 개선할 수 있으며, 점차 더 안정적이고 성공적인 매매를 할 수 있게 됩니다.

성공적인 매매 습관을 기르기 위해서는 꾸준한 학습, 감정적 결정을 피하는 능력, 리스크 관리, 분산 투자, 그리고 매매 기록을 분석하는 습관이 필수적입니다. 이러한 습관들은 하루아침에 완성되지 않지만, 지속적으로 노력하고 일관되게 실행한다면 장기적인 투자 성공을 이끌어낼 수 있습니다.

거장들의 투자 마인드와 철학

레이 달리오

레이 달리오는 세계 최대 헤지펀드인 브리지워터 어소시에이츠 (Bridgewater Associates)의 창립자로, **매크로 경제와 리스크 분산**에 중점을 둔 투자 전략으로 유명합니다. 그는 경제 주기, 글로벌 경제 흐름, 정치적 환경을 종합적으로 분석하여 투자 결정을 내리며, 철저한 시스템과 규칙에 기반한 사고방식을 강조합니다. 달리오는 그의 투자 마인드에서 **진실을 추구하는 투명성과 원칙에 따른 행동**을 매우 중요시합니다.

레이 달리오의 투자 마인드

1. 원칙에 따른 투자(Principled Investing)

달리오의 투자 철학에서 가장 중요한 요소는 원칙입니다. 그는 투자 결정을 내릴 때 감정적인 판단을 피하고, 체계적이고 객관적인 원칙에 따라 움직입니다. 이 원칙들은 철저한 분석과 데이터를 기반으로

하여 감정에 휘둘리지 않는 투자를 가능하게 만듭니다.

2. 리스크 관리와 다각화(Diversification)

달리오는 모든 투자에 리스크가 따르며, 이를 관리하기 위해 자산을 분산 투자하는 다각화를 중시합니다. 한 자산군이 손실을 입더라도 다른 자산군이 이를 상쇄할 수 있도록 포트폴리오를 구성하는 것이 핵심입니다. 그의 "올웨더 포트폴리오"는 다양한 경제 상황에서도 견딜 수 있도록 설계된 다각화 전략의 대표적인 예입니다.

3. 경제 주기와 매크로 투자

달리오는 경제가 주기적으로 호황과 불황을 반복한다는 사실을 바탕으로 투자 전략을 세웁니다. 경제 주기를 분석하고 예측하여 투자 기회를 찾으며, 이를 매크로 투자 방식으로 활용합니다. 그의 연구는 글로벌 경제 흐름을 이해하고, 이를 통해 장기적인 시장 기회를 발견하는 데 중점을 둡니다.

4. 진실과 투명성

달리오는 진실을 직시하고 솔직하게 행동하는 것이 성공적인 투자의 핵심이라고 믿습니다. 그는 실수를 인정하고 이를 빠르게 수정하는 투명한 태도를 중요시합니다. 조직 운영에서도 철저한 투명성을 바탕으로 하여, 개선과 성장이 가능한 투자 환경을 만들어갑니다.

레이 달리오의 투자 철학

1. 올웨더 포트폴리오(All Weather Portfolio)

달리오의 가장 잘 알려진 투자 철학 중 하나는 올웨더(All Weather) 포트폴리오입니다. 이 포트폴리오는 경제의 모든 국면에서 견딜 수 있도록 설계된 자산 배분 전략입니다. 이를 위해 그는 주식, 채권, 원자재 등 다양한 자산군에 걸쳐 포트폴리오를 구성하고, 각 자산군의 리스크를 균형 있게 배분합니다. 이를 통해 특정 자산군이 시장 변동에 크게 영향을 받더라도, 다른 자산군이 이를 상쇄할 수 있게 합니다. 이 전략은 달리오의 철저한 리스크 관리 철학을 반영합니다.

2. 경제 기계론(Economic Machine)

달리오는 경제를 하나의 거대한 기계로 봅니다. 그는 경제가 일정한 패턴과 규칙에 따라 움직인다고 믿으며, 이를 분석해 투자 전략을 세웁니다. 경제 활동, 금리, 통화 정책 등이 어떻게 상호작용하며 경제 성장을 이끄는지에 대한 그의 깊은 이해는 글로벌 경제 환경에서의 투자 결정을 내리는 데 중요한 역할을 합니다.

3. 적응력과 실수에서의 학습

달리오는 자신의 투자 전략에서 적응력을 중요하게 생각합니다. 그는 시장의 변화에 따라 유연하게 대응하며, 실수를 학습의 기회로 삼습니다. 달리오는 "실패는 성공의 일부"라고 자주 말하며, 자신이 겪은 실패를 분석하고 이를 바탕으로 더 나은 결정을 내리려고 합니다. 이러한 학습과 적응의 과정은 그의 성공적인 투자 철학의 핵심 요소입니다.

4. 장기적 관점과 균형

달리오는 장기적인 관점에서 투자를 봅니다. 그는 단기적인 시장 변동성에 휘둘리지 않고, 장기적으로 안정적인 수익을 내기 위한 전략을 구사합니다. 또한, 그는 각 자산의 상호작용을 고려한 균형 잡힌 투자를 중시하며, 이를 통해 지속 가능한 포트폴리오를 구축합니다.

레이 달리오의 투자 마인드는 리스크 관리, 다각화, 경제 주기에 대한 깊은 이해, 그리고 원칙에 따른 체계적 투자를 중심으로 합니다. 그는 자산을 분산하여 리스크를 줄이고, 경제의 모든 국면에서 안정적인 수익을 올릴 수 있는 포트폴리오를 구축하는 것을 목표로 합니다. 그의 철학은 장기적인 관점에서 경제를 분석하고, 규칙에 따른 투명한 투자 결정을 내리는 것이 성공적인 투자로 이어진다는 점에 중점을 둡니다.

8장

리스크 관리와 마인드셋

리스크를 피할 수 없다는 사실을 받아들이고, 이를 관리할 수 있는 전략을 마련해야 합니다. 분산 투자를 통해 포트폴리오의 안정성을 확보하고, 하락장에서는 냉정하게 대응하는 자세가 요구됩니다.

리스크 관리에 있어 불안감을 최소화하면서도 장기적인 목표에 집중하는 것이 중요합니다. 감정적인 반응을 피하고 전략을 지속적으로 점검하는 태도가 필요합니다.

리스크를 받아들이는 마음가짐

주식 투자는 본질적으로 **리스크(위험)**를 동반하는 활동입니다. 리스크를 완전히 없앨 수는 없지만, 이를 제대로 인식하고 받아들이는 마음가짐을 갖는 것이 성공적인 투자에 있어서 매우 중요합니다. 많은 투자자들이 리스크에 대해 두려워하거나 회피하려는 경향이 있지만, 주식 시장에서 살아남고 성장하기 위해서는 리스크를 이해하고 이를 관리할 수 있는 올바른 마음가짐을 갖추어야 합니다.

리스크는 투자 과정의 일부라는 사실을 받아들여야 한다

주식 투자에서 리스크는 피할 수 없는 존재입니다. 그러나 이 리스크는 단순히 손실을 의미하는 것이 아니라, **수익을 얻을 기회**가 될 수 있다는 점을 이해하는 것이 중요합니다. 리스크는 무조건 나쁜 것이 아니라, 적절하게 관리하고 통제하면 이익을 창출하는 기반이 될 수 있습니다. 리스크가 없는 투자는 존재하지 않으며, 오히려 리스크가 크기 때문에 수익을 얻을 수 있는 기회도 함께 커집니다. 따라서 투자자는 리스크를 두려워하기보다는 이를 하나의 **기회**로 인식하는 마음가짐을 가져야 합니다.

예를 들어, 특정 주식이 높은 변동성을 보일 때, 많은 투자자들은 불안감을 느끼고 매도를 고려할 수 있습니다. 하지만 이 변동성 속에서 기회를 발견하는 투자자들은 적절한 타이밍에 매수하여 큰 수익을 얻을 수 있습니다. 즉, 리스크를 회피하는 대신, 이를 기회로 바꿀 수 있는 방법을 찾는 것이 중요합니다.

리스크를 감당할 수 있는 자신만의 기준 설정

리스크를 받아들이는 첫 단계는 **자신이 감당할 수 있는 리스크의 한계를 명확히 설정하는 것**입니다. 모든 투자자들은 자신의 재정 상태와 목표에 따라 다른 리스크 감수 능력을 가지고 있습니다. 따라서 각자의 재정 상황과 목표에 맞게 리스크를 설정해야 합니다.

1. 리스크 허용 범위 파악하기

투자자는 자신의 리스크 허용 범위를 먼저 파악해야 합니다. 이를 위해서는 먼저 재정 상태를 분석하고, 목표 수익률과 감수할 수 있는 손실 범위를 정하는 것이 필요합니다. 예를 들어, 월급을 받는 직장인이 단기적인 생활 자금을 투입해 고위험 주식에 투자하는 것은 매우 위험할 수 있습니다. 반면, 여유 자금이 있고 장기적인 투자 목표가 있다면 어느 정도의 리스크를 감수하면서도 안정적인 성장을 기대할 수 있습니다.

2. 리스크 허용 범위에 맞는 전략 수립

리스크 허용 범위가 파악되었다면, 그에 맞는 투자 전략을 수립하는 것이 중요합니다. 자신의 리스크 허용 범위를 넘어서는 투자를 하지 않도록 주의해야 합니다. 예를 들어, 단기적으로 큰 수익을 기대하는 대신, 장기적으로 안정적인 성장을 목표로 하는 것이 더 나은 선택일 수 있습니다. 리스크를 무시하거나 과소평가하는 대신, 이를 인정하고 그 안에서 행동하는 것이 성공적인 투자로 이어집니다.

리스크를 분산시키기 위한 마음가짐

리스크를 받아들이는 과정에서 중요한 점은 **리스크를 분산시키는 전략을 자연스럽게 받아들이는 것**입니다. 특정 종목이나 특정 산업에 모든 자금을 집중하는 것은 너무 큰 리스크를 동반할 수 있습니다. 따라서 투자자는 다양한 종목과 산업에 분산 투자하는 것이 필요합니다. 이 과정에서 중요한 것은, 분산 투자를 단순히 전략적 선택이 아니라 **심리적으로도 받아들이는 것입니다.** 즉, 모든 계란을 하나의 바구니에 담지 않는 것이 핵심입니다.

1. 장기적인 시각을 갖는 법

리스크를 받아들이는 마음가짐을 키우기 위해서는 장기적인 시각이 필요합니다. 단기적인 변동성에 지나치게 민감하게 반응하면 감정적인 결정을 내리기 쉽습니다. 반면, 주식 투자에서 리스크는 장기적으로 해결될 가능성이 높다는 사실을 인식하면 심리적으로 안정감을 가질 수 있습니다. 주가가 일시적으로 하락하더라도 기업의 펀더멘털이 튼튼하다면 장기적으로 주가가 회복될 가능성이 있습니다. 따라서 일시적인 손실에 너무 신경 쓰지 않고, 긴 안목을 가지고 투자를 이어가는 태도가 필요합니다.

주식 시장에서 단기적으로 손실을 보았을 때, 장기적인 관점에서 기업의 성장 가능성을 믿고 보유를 유지하는 투자자는 리스크를 잘 받아들인다고 할 수 있습니다. 반대로, 일시적인 하락에 불안해하며 매도하는 투자자는 리스크를 제대로 받아들이지 못하고, 기회를 놓칠 가능성이 큽니다.

리스크에 대한 심리적 준비

리스크를 받아들이는 과정에서는 투자자의 **심리적 준비**가 필수적

입니다. 시장이 변동할 때 느끼는 불안과 스트레스를 어떻게 관리할
수 있는지가 성공적인 투자의 중요한 요소가 됩니다. 리스크를 완전
히 없앨 수 없기 때문에, 이를 수용하고, 불확실한 상황에서도 냉정
한 결정을 내릴 수 있는 마음가짐을 기르는 것이 중요합니다.

1. 불안과 스트레스 관리

투자자는 시장의 변동성과 예기치 못한 상황에서 불안과 스트레
스를 느끼기 마련입니다. 그러나 이러한 감정에 휘둘리면 감정적인
매매 결정을 내리기 쉽습니다. 이를 방지하기 위해서는 **명확한 계획**
을 세우고, 그 계획을 철저히 따르는 훈련이 필요합니다. 불확실성 속
에서도 자신의 계획을 신뢰하고, 감정에 흔들리지 않도록 훈련하는
것이 리스크를 받아들이는 마음가짐의 핵심입니다.

2. 현실적인 기대를 유지하는 법

투자자는 항상 현실적인 기대를 유지해야 합니다. 주식 투자는 단
기간에 큰 부를 얻는 수단이 아니며, 리스크가 수반된다는 사실을
명확히 인식해야 합니다. 즉, 지나치게 높은 기대를 하지 않고, 수익
과 손실이 모두 발생할 수 있다는 사실을 미리 받아들이면, 리스크
를 자연스럽게 받아들이고 심리적으로도 준비된 상태에서 매매를
이어갈 수 있습니다.

주식 투자에서 리스크는 피할 수 없는 요소이지만, 이를 어떻게 받아들이고 다루느냐에 따라 투자 성과는 크게 달라집니다. 리스크를 두려워하거나 회피하는 대신, 이를 관리하고 활용할 수 있는 심리적 준비와 전략적 사고가 필요합니다. 리스크는 잘못된 것이 아니라, 투자 기회를 제공하는 필수적인 요소라는 인식을 가지고, 적절히 관리하며 감정에 휘둘리지 않는 마음가짐을 기르면 장기적으로 성공적인 투자를 할 수 있습니다.

분산 투자와 안정성의 중요성

분산 투자와 안정성의 중요성은 주식 투자에서 매우 중요한 개념입니다. 주식 시장은 변동성이 크고, 예기치 못한 일들이 발생할 수 있기 때문에, 투자자는 항상 자신이 감당할 수 있는 리스크를 관리하고 투자 안정성을 높이기 위한 전략을 세워야 합니다. 이 과정에서 핵심적인 방법이 분산 투자입니다. 하지만 단순히 여러 종목에 투자하는 것만으로는 충분하지 않습니다. 분산 투자의 진정한 의미와 이를 통한 안정성 확보 방법에 대해 구체적으로 살펴보겠습니다.

분산 투자란 무엇인가?

분산 투자란 자산을 여러 종목, 산업, 지역, 혹은 자산 유형에 나누어 투자하는 것을 의미합니다. 이는 투자 위험을 줄이기 위한 전략으로, 한 종목이나 산업에만 투자하는 것보다 다양한 자산에 분산함으로써 특정 종목의 손실이 전체 포트폴리오에 미치는 영향을 최소화하는 방법입니다.

한 기업의 주식에 집중 투자하면, 그 기업의 주가가 하락하거나 회사에 부정적인 사건이 발생했을 때 큰 손실을 입을 수 있습니다. 예를 들어, 특정 기술 기업에 전 재산을 투자했다가 그 기업이 예상치 못한 실적 부진을 발표하면, 주가가 급락할 수 있고 이로 인해 큰 손실을 볼 수 있습니다. 그러나 이와 달리, 다양한 기업과 산업에 분산 투자하면, 한 기업에서 손실이 발생하더라도 다른 기업이나 산업에서 수익을 얻어 전체 포트폴리오의 손실을 줄일 수 있습니다.

분산 투자와 안정성의 관계

분산 투자는 **안정성을 높이는 핵심 전략**입니다. 주식 시장은 변동성이 매우 큽니다. 단기적인 변동성에 휘둘리지 않고 장기적으로 안정된 수익을 기대하기 위해서는 포트폴리오의 리스크를 여러 곳에 분산해야 합니다.

1. 변동성 완화
시장 변동성은 언제든지 발생할 수 있으며, 이를 완화하기 위해서는 특정 종목이나 산업에 과도하게 의존하지 않는 것이 중요합니다.

분산 투자를 통해, 하나의 종목에서 큰 손실이 발생하더라도 다른 자산에서의 수익으로 이를 보완할 수 있습니다. 즉, 분산 투자는 변동성에 대한 방어막 역할을 할 수 있습니다.

2. 장기적인 관점에서의 안정성

주식 시장은 단기적으로는 큰 변동을 보일 수 있지만, 장기적으로는 전체적으로 상승하는 경향이 있습니다. 따라서 분산 투자를 통해 다양한 자산에 고르게 투자하면 단기적인 변동성에서 발생하는 위험을 피할 수 있고, 장기적으로 안정적인 수익을 기대할 수 있습니다. 특히, 주식 외에도 채권, 부동산, ETF(상장지수펀드)와 같은 다양한 자산에 투자하면 더욱 안정적인 포트폴리오를 구성할 수 있습니다.

분산 투자 전략 세우기

단순히 여러 종목에 투자하는 것이 분산 투자의 전부는 아닙니다. 효과적인 분산 투자를 위해서는 다음과 같은 전략적인 사고가 필요합니다.

1. 산업 및 자산 유형의 다양화

주식 투자를 할 때는 산업의 다양화가 중요합니다. 예를 들어, 기술주에만 투자하는 것이 아니라, 금융, 헬스케어, 소비재, 에너지 등 다양한 산업에 골고루 투자하는 것이 필요합니다. 이렇게 산업을 다양화하면, 특정 산업의 불황이 전체 포트폴리오에 미치는 영향을 줄일 수 있습니다.

또한, 자산 유형의 다양화도 중요합니다. 주식뿐만 아니라 **채권, 부동산, 금, ETF** 등 다양한 자산에 투자하면, 주식 시장의 변동성에 따른 위험을 줄일 수 있습니다. 특히, 주식과 채권은 서로 상반된 움직임을 보일 때가 많기 때문에, 채권을 포함한 포트폴리오는 주식의 변동성을 완화시켜 줄 수 있습니다.

2. 지역적 분산

분산 투자는 또한 **지역적 다양화**를 포함할 수 있습니다. 세계 경제는 상호 연관되어 있지만, 특정 국가나 지역의 경제 상황이 다른 곳과 다르게 움직일 수 있습니다. 예를 들어, 한 국가의 정치적 불안이나 경제 침체가 그 지역의 주식 시장에 악영향을 미칠 수 있습니다. 하지만 다른 지역에 투자한 자산이 있다면 이러한 지역적 리스크를 완화할 수 있습니다. 따라서 해외 시장에도 투자하여 지역적인 분산을 통해 안정성을 높일 수 있습니다.

3. 성장주와 배당주의 균형

성장주는 높은 수익을 기대할 수 있지만 변동성이 크며, 배당주는 상대적으로 안정적인 수익을 제공하지만 성장률이 낮을 수 있습니다. 이 둘을 균형 있게 포함하는 것도 분산 투자의 중요한 전략 중 하나입니다. 성장주와 배당주의 적절한 조합을 통해 변동성과 수익의 균형을 맞추는 것이 중요합니다.

심리적 안정과 분산 투자

분산 투자는 투자자에게 심리적인 안정감을 제공하는 데도 중요한 역할을 합니다. 한 종목에 전 재산을 투자하면 주가가 하락할 때 극도의 불안감에 시달리게 됩니다. 반면, 다양한 자산에 분산 투자한 투자자는 특정 자산의 하락에도 상대적으로 심리적으로 안정된 상태를 유지할 수 있습니다.

1. 분산 투자가 심리에 미치는 긍정적 영향

주식 시장의 변동성이 클 때, 분산 투자는 투자자가 감정적인 결정을 내리는 것을 방지해줍니다. 분산된 포트폴리오는 단일 자산에 대한 과도한 의존을 줄여, 투자자가 좀 더 차분하고 객관적인 결정을 내릴 수 있게 도와줍니다. 이로 인해 장기적으로 더 나은 투자 성과를 기대할 수 있습니다.

예를 들어, 특정 기술 주식이 급락했을 때, 그 주식에만 집중 투자한 사람은 큰 손실을 입고 불안감에 시달리겠지만, 다양한 산업과 자산에 분산 투자한 사람은 그 주식의 하락에도 불구하고 다른 자산의 상승으로 인해 불안을 덜 느낄 것입니다. 이는 분산 투자가 투자자의 심리에 긍정적인 영향을 미치고, 더 나은 결정으로 이어질 수 있음을 보여줍니다.

분산 투자의 한계

분산 투자는 리스크를 줄이고 안정성을 높이는 데 효과적이지만, 완벽한 해결책은 아닙니다. 지나치게 분산하면 **관리의 복잡성**이 증가하고, 포트폴리오 수익률이 너무 낮아질 수 있습니다. 너무 많은 자산에 투자하면 개별 자산의 성과가 전체 성과에 미치는 영향이 미미해질 수 있으며, 포트폴리오의 성장 잠재력이 제한될 수 있습니다. 따라서 분산 투자의 핵심은 **적절한 균형**을 유지하는 것입니다. 과도한 분산은 피하고, 자신이 관리할 수 있는 범위 내에서 적절하게 자산을 분산하는 것이 중요합니다.

분산 투자는 투자에서 안정성을 높이는 중요한 전략입니다. 다양한 자산, 산업, 지역에 투자함으로써 리스크를 줄이고, 변동성에 대한 방어막을 형성할 수 있습니다. 또한 분산 투자는 심리적인 안정감을 제공하여 투자자가 감정적 결정을 내리는 것을 방지하고, 장기적으로 성공적인 투자를 이어갈 수 있도록 도와줍니다. 그러나 지나친 분산은 오히려 수익률을 낮출 수 있으므로, 적절한 균형을 유지하는 것이 중요합니다. 분산 투자는 올바르게 활용할 때 리스크를 관리하고 안정성을 확보하는 데 가장 효과적인 방법입니다.

하락장에서 냉정하게 대응하는 법

주식 시장이 하락장에 접어들면 많은 투자자들은 불안과 공포에 휩싸이게 됩니다. 하락장은 투자자가 평정심을 유지하기 어려운 시기지만, 이러한 상황에서도 냉정하게 대응하는 법을 익히는 것이 성공적인 투자를 이어가는 데 매우 중요합니다. 하락장은 피할 수 없는 시장의 자연스러운 과정이기 때문에, 이를 적절히 대처하는 마인드셋을 갖추는 것이 필수적입니다.

하락장을 자연스럽게 받아들이는 마음가짐

주식 시장은 언제나 **상승과 하락을 반복**하는 특징을 가지고 있습니다. 모든 주식 시장이 꾸준히 상승하기만 하는 것은 불가능하며, 때때로 예상치 못한 하락장이 찾아오기도 합니다. 이러한 하락장은 일시적인 경우가 많으며, 시장의 정상적인 순환 과정의 일부입니다. 따라서 하락장을 무조건 두려워하기보다는 **자연스러운 현상**으로 받아들이는 마음가짐이 필요합니다.

역사적으로 주식 시장은 여러 차례 하락장을 겪었지만, 장기적으로는 상승하는 경향이 있습니다. 예를 들어, 2008년 글로벌 금융위기 당시 주식 시장은 큰 폭으로 하락했지만, 이후 몇 년간 회복과 성장을 지속해왔습니다. 따라서 하락장은 일시적인 어려움일 수 있으며, 장기적인 관점에서 주식 시장은 결국 회복될 가능성이 큽니다.

감정적 결정을 피하고 객관적으로 상황을 분석하기

하락장에서 많은 투자자들이 감정적인 결정을 내리는 것이 큰 문제입니다. 주가가 급락하면 투자자들은 공포에 휩싸여 서둘러 매도하는 경향이 있습니다. 하지만 이런 상황에서 **충동적인 매도**는 오히려 더 큰 손실로 이어질 수 있습니다. 따라서 하락장에서는 감정을 배제하고, 객관적으로 상황을 분석하는 능력을 기르는 것이 중요합니다.

1. 시장 하락의 원인을 분석하기

주식 시장이 하락하는 원인은 여러 가지가 있을 수 있습니다. 경제적인 요인(금리 인상, 경기 침체), 정치적 불안정, 기업 실적 부진 등 여러 요소가 복합적으로 작용할 수 있습니다. 이러한 요인들을 정확하게 분석한 후, 주가 하락이 일시적인 것인지, 혹은 구조적인 문제인지 판단하는 것이 중요합니다. 만약 시장의 하락이 일시적인 요인에 의한 것이라면, 그 상황에서 불안에 매도하기보다는 **장기적인 관점**에서 대응하는 것이 좋습니다.

2. 손실을 줄이기 위한 냉정한 판단

하락장에서 특히 중요한 것은 **손실을 줄이는 방법**을 냉정하게 판단하는 것입니다. 하락장이 오면 투자자는 당장의 손실을 줄이기 위해 손절매를 고려하게 됩니다. 하지만 이때도 지나치게 감정적으로 반응하지 않고, 명확한 기준을 가지고 판단해야 합니다. 손실이 크더라도 냉정하게 매도할 시점을 결정하는 것이 장기적으로 더 큰 손실을 방지할 수 있습니다.

장기적인 투자 관점 유지하기

하락장에서 냉정하게 대응하는 중요한 방법 중 하나는 장기적인 투자 관점을 유지하는 것입니다. 단기적으로 주가가 하락하는 상황에서는 당장 손실을 보고 불안해할 수 있지만, 장기적으로 기업의 성장 가능성을 보고 투자한다면 일시적인 하락은 큰 문제가 되지 않습니다.

예를 들어, 어떤 기업이 일시적으로 실적 부진을 겪고 있어 주가가 하락하더라도, 그 기업이 장기적으로 성장 가능성이 있다고 판단된다면 하락장은 오히려 **매수 기회**가 될 수 있습니다. 이는 장기적인 관점에서 주가가 회복될 가능성을 염두에 두고 투자하는 방식으로, 일시적인 시장 하락에 휘둘리지 않고 **가치에 기반한 투자**를 지속하는 것이 중요합니다.

하락장은 대부분의 투자자들에게 불안한 시기일 수 있지만, **기회로 활용할 수 있는 투자자**도 있습니다. 주가가 하락했을 때, 그 기업의 펀더멘털이 변하지 않았고 여전히 성장 가능성이 있다고 판단된다면, 저점에서 주식을 매수하는 것도 하나의 전략입니다. 이처럼 하락장을 오히려 기회로 삼고, 매수 타이밍을 적절히 잡는 것이 장기적으로 투자 성과를 높이는 방법이 될 수 있습니다.

현금 보유와 비상 대책 마련하기

하락장에 대비하는 또 다른 방법은 현금 보유를 통해 비상 상황에 대비하는 것입니다. 하락장에서 주식의 비중이 높으면, 자산이 급격히 줄어들 수 있습니다. 따라서 어느 정도의 현금을 보유하여 비상 대책을 마련해두는 것이 중요합니다. 현금을 보유하고 있다면 하락장에서 추가로 주식을 매수하거나, 손실을 최소화하면서 하락장을 버틸 수 있는 능력을 갖출 수 있습니다.

현금을 어느 정도 보유하는 것이 적절한지에 대한 비율은 투자자의 투자 성향에 따라 다를 수 있습니다. 하지만 하락장을 예상할 수 없기 때문에, 언제든지 유동성을 확보할 수 있는 준비를 해두는 것이 필요합니다. 하락장이 예상되지 않았던 순간에 닥치더라도, 현금이 있다면 냉정하게 대응할 수 있는 여유를 가질 수 있습니다.

심리적 안정과 대응의 일관성

하락장에서 냉정하게 대응하기 위해서는 무엇보다 심리적 안정이 필수적입니다. 하락장에서는 감정적으로 흔들리기 쉽지만, 자신이 세운 투자 원칙과 계획을 일관되게 지키는 것이 중요합니다. 이를 위해서는 평소에 **명확한 목표와 계획**을 세우고, 하락장에서도 그 원칙을 충실히 따르는 훈련이 필요합니다.

하락장에서 투자자가 흔들리지 않으려면, 평소에 일관된 투자 원칙을 세워두는 것이 좋습니다. 목표 수익률, 손절매 기준, 매수 및 매도 타이밍 등의 기준을 명확히 정해두고, 그 원칙에 맞춰 대응하면 감정적인 결정을 줄일 수 있습니다. 하락장에서 투자 계획을 바꾸거나 불안에 매도하는 행동을 피하기 위해서는 **계획을 충실히 따르는 훈련**이 필요합니다.

하락장은 주식 투자에서 누구나 겪을 수 있는 어려운 시기이지만,

냉정하게 대응하는 법을 익히면 큰 기회를 만들 수 있습니다. 하락장을 자연스럽게 받아들이고, 감정적인 결정을 피하며, 장기적인 관점에서 상황을 분석하는 것이 중요합니다. 또한 현금을 적절히 보유하여 비상 대책을 마련하고, 심리적 안정을 유지하면서 일관된 투자 원칙을 지키는 것이 성공적인 투자로 이어질 수 있습니다. 하락장에서 냉정한 대응은 경험과 훈련을 통해 기를 수 있는 중요한 투자 능력입니다.

거장들의 투자 마인드와 철학

칼 아이칸

칼 아이칸은 미국의 대표적인 **행동주의 투자자**로, 기업 경영에 적극 개입하는 투자 방식으로 유명합니다. 그는 주식을 매수한 후 기업의 가치를 극대화하기 위해 직접 경영진과 대립하거나 변화를 요구하는 행동주의 투자로 알려져 있습니다. 아이칸은 기업의 비효율성을 개선하고, 주주 가치를 극대화하는 데 중점을 둔 공격적인 전략으로 큰 성공을 거두었습니다.

칼 아이칸의 투자 마인드

1. 행동주의 투자(Activist Investing)

아이칸의 대표적인 투자 전략은 행동주의 투자입니다. 이는 단순히 주식을 매수하는 것에 그치지 않고, 기업 경영에 적극적으로 개입하여 경영진을 압박하거나 교체를 요구하는 방식입니다. 그는 기업의 비효율적인 경영 구조나 낮은 수익성 문제를 해결함으로써 주가를 끌어올리고, 주주들에게 이익을 돌려주기 위한 전략을 펼쳤습니다. 아이칸은 자신의 지분을 이용해 이사회나 경영진에 영향력을 행사하여 필요한 변화를 이끌어냅니다.

2. 적극적인 개입과 대립

아이칸은 경영진과의 대립을 마다하지 않는 강력한 투자자입니다. 기업이 주주 가치를 제대로 반영하지 못하거나 경영이 비효율적일 때, 그는 공개적으로 비판하고 변화를 요구하는 경우가 많습니다. 그는 필요하다면 경영진 교체, 사업부 매각, 주주 환원 정책 강화 등의 조치를 취하여 기업의 구조를 개선하고 가치를 증대시킵니다. 이러한 접근은 일반적인 투자자들과는 차별화된 아이칸만의 공격적인 투자 방식입니다.

3. 주주 가치를 중시

아이칸의 투자의 핵심은 주주 가치 극대화입니다. 그는 기업이 비효율적인 경영으로 인해 주주들에게 적절한 가치를 제공하지 못할 때, 이를 개선하기 위한 전략을 세우고, 주주들에게 더 많은 이익을 돌려주는 것을 목표로 합니다. 그는 종종 배당금 확대, 자사주 매입, 비용 절감 등의 방법을 통해 주가를 올리고 주주들에게 이익을 제공합니다.

4. 리스크를 감수한 공격적 투자

아이칸은 리스크를 감수하면서도 큰 수익을 얻을 수 있는 고수익 고위험 투자 전략을 선호합니다. 그는 자신이 확신하는 기회가 있으면 큰 금액을 베팅하고, 이를 바탕으로 기업 경영에 직접 개입해 변화를 이끌어냅니다. 이러한 방식은 성공했을 때 큰 이익을 가져다주지만, 실패했을 때도 상당한 손실을 감수해야 하는 고위험 전략입니다.

칼 아이칸의 투자 철학

1. 기업의 잠재 가치를 발굴

아이칸은 기업이 가지고 있는 잠재적인 가치를 발굴하는 능력으로 유명합니다. 그는 특정 기업이 현재의 경영 방식으로 인해 낮은 평가를 받고 있지만, 그 기업의 잠재적 가치를 발견하고 이를 개선하면 큰 수익을 얻을 수 있다고 봅니다. 이러한 기업을 발견하면 아이칸은 적극적으로 경영에 개입해 비효율적인 요소를 제거하고, 주가를 끌어올리는 방식을 사용합니다.

2. 대주주로서의 힘을 행사

아이칸의 철학 중 중요한 부분은 대주주로서의 힘을 최대한 활용하는 것입니다. 그는 기업의 상당한 지분을 매수한 후, 이사회에서 자신의 영향력을 행사해 필요한 변화를 이끌어냅니다. 아이칸은 단순한 투자자가 아니라, 기업의 경영을 변화시키는 강력한 주주로서의 역할을 수행합니다. 이는 그의 투자 방식이 일반적인 투자자들과 다른 중요한 점입니다.

3. 비효율성 제거

아이칸은 기업의 비효율성 제거를 중요하게 여깁니다. 그는 불필요한 비용 구조나 수익성이 낮은 사업부를 매각하는 등 기업의 구조를 정비하여 효율성을 높입니다. 이를 통해 기업의 재무 상태를 개선하고, 주주 가치를 극대화할 수 있는 여건을 마련합니다.

4. 배당금과 자사주 매입 강화

아이칸은 주주 환원을 강화하는 전략을 자주 사용합니다. 그는 배당금을 확대하거나 자사주를 매입하는 방식을 통해 주주들에게 직접적인 이익을 제공합니다. 이러한 전략은 주주 가치를 높이고, 주가 상승에 긍정적인 영향을 미칩니다.

5. 장기적 관점보다는 단기적 성과 중시

아이칸의 투자 철학은 다른 장기 투자자들과 달리, 단기적인 성과에 중점을 둡니다. 그는 기업의 단기적인 비효율성을 해결해 빠르게 주가를 끌어올리고, 그로 인한 수익을 실현하는 방식입니다. 이러한 단기 집중 전략은 그의 투자 성과를 빠르게 극대화하지만, 때로는 기업의 장기적인 성장에는 부정적인 영향을 미칠 수 있습니다.

칼 아이칸의 투자 마인드는 행동주의 투자, 주주 가치 극대화, 기업 비효율성 제거를 중심으로 합니다. 그는 기업의 경영에 적극적으로 개입해 변화를 이끌어내고, 이를 통해 빠르게 가치를 극대화하는 전략을 사용합니다. 그의 투자 철학은 대주주로서의 힘을 활용하여 기업을 변화시키고, 주주에게 더 큰 이익을 돌려주는 것에 중점을 두고 있으며, 이러한 공격적인 스타일은 일반적인 투자자들과는 차별화된 강력한 전략입니다.

PART 5

지속 가능한 투자 성공법

9장

변하지 않는 투자 원칙과 마인드

일관된 투자 원칙을 지키며, 장기적인 안목을 가진 투자자의 사고방식을 이해하는 것이 중요합니다. 경험에서 배우고 실패를 두려워하지 않으며, 시장의 변동성에 흔들리지 않는 투자 철학을 확립해야 합니다.

꾸준한 학습과 자기 성찰을 통해 변하지 않는 원칙을 유지하는 것이 성공의 핵심입니다. 경험을 통한 성장이 중요한 요소입니다.

주식 시장에서 성공하는 투자자의 사고방식

성공적인 주식 투자자는 **특정한 사고방식**을 가지고 있으며, 이를 바탕으로 장기적인 성공을 거둡니다. 단기적인 이익에 흔들리지 않고, 감정적인 결정을 피하며, 변동성 있는 시장에서도 일관된 원칙을 지켜내는 것이 바로 그 핵심입니다. 성공적인 투자자의 사고방식은 단순한 투자 기술을 넘어, 투자 철학과 심리적 안정감을 중심으로 구성됩니다.

1. 장기적인 시각 유지

성공적인 투자자들은 주식 시장의 **장기적인 흐름**을 봅니다. 주가는 단기적으로 변동성이 크지만, 경제 성장이 지속되는 한, 장기적으로는 상승하는 경향이 있습니다. 이는 그들이 단기적인 하락이나 시장의 변동성에 쉽게 흔들리지 않게 합니다.

- 예시 : 워런 버핏은 항상 장기적인 시각을 유지하며, 일시적인 하락이 오히려 저가 매수의 기회라고 강조합니다. 그는 "10년 동안 보유할 수 없는 주식이라면 10분도 보유하지 말라"는 원칙을 강조합니다. 이러한 장기적 관점은 단기적인 시장 변동성에 대한 감정적 반응을 줄이고, 더 안정적인 투자 성과로 이어집니다.

2. 감정적 결정을 피하는 능력

성공적인 투자자는 **감정에 휘둘리지 않습니다.** 시장이 급격하게 상승하거나 하락할 때, 대부분의 투자자들은 두려움이나 탐욕에 의해 감정적인 결정을 내리기 쉽습니다. 하지만 이러한 결정은 장기적인 손실로 이어질 수 있습니다.

- **공포와 탐욕의 균형** : 주식 시장에서는 공포와 탐욕이 주요한 감정적 요인으로 작용합니다. 주가가 급락하면 공포에 사로잡혀 손실을 최소화하기 위해 급하게 매도하게 되고, 반대로 주가가 급등하면 탐욕에 이끌려 너무 높은 가격에 주식을 매수하게 됩니다. 성공적인 투자자들은 이러한 감정을 통제하고, 미리 세운 원칙에 따라 **객관적인 판단**을 내립니다.
- 실제 사례 : 2008년 금융 위기 당시, 많은 투자자들이 공포에 휩싸여 대규모 매도를 했지만, 워런 버핏과 같은 장기 투자자들은 이를 주식 시장의 저가 매수 기회로 보았습니다. 그들은 불

안에 휘둘리지 않고, 장기적인 관점에서 기업의 가치를 평가하며 매수 결정을 내렸습니다.

3. 투자 원칙과 철학을 고수하는 태도

성공적인 투자자들은 자신만의 원칙을 가지고 있으며, 이를 고수합니다. 시장 상황이 어떻게 변하든, 투자 원칙에 따른 결정을 내리는 것이 중요합니다.

- **원칙을 고수하는 이유** : 주식 시장은 불확실성으로 가득 차 있으며, 성공적인 투자자들은 이에 흔들리지 않고 **일관된 투자 철학**을 고수하는 것을 중요하게 여깁니다. 원칙에 따라 투자하면 시장의 변동성에도 불구하고 장기적으로 안정적인 수익을 얻을 가능성이 높아집니다.
- **버핏의 원칙** : 워런 버핏은 "자신이 이해하는 사업에만 투자하라"는 원칙을 고수합니다. 이는 그가 모르는 분야에는 투자하지 않고, 자신의 전문성과 경험에 맞는 기업에만 투자하는 것을 의미합니다. 이러한 원칙 덕분에 그는 일관된 성과를 낼 수 있었습니다.

4. 꾸준한 학습과 자기 개선

성공적인 투자자들은 주식 시장의 **변화에 맞춰 지속적으로 학습**

하고 자신을 개선해 나갑니다. 주식 시장은 끊임없이 변화하며, 새로운 기술과 경제 흐름이 등장합니다. 이를 따라잡고 적응하기 위해 끊임없는 학습이 필요합니다.

- **학습의 중요성** : 투자는 일종의 학문처럼 지속적인 학습과 훈련을 요구합니다. 성공적인 투자자들은 새로운 정보를 끊임없이 탐구하며, 이를 바탕으로 자신의 투자 전략을 업데이트합니다. 경제 흐름, 글로벌 산업 변화, 기술 발전 등을 잘 이해하면 더 나은 투자 결정을 내릴 수 있습니다.

5. 리스크를 인식하고 수용하는 자세

성공적인 투자자는 **리스크를 완전히 회피하지 않고** 이를 인정하고 **관리**합니다. 리스크는 주식 투자에서 필수적인 요소이며, 이를 받아들이는 태도가 중요합니다. 리스크를 적절히 관리하는 능력은 성공적인 투자의 중요한 부분입니다.

- **리스크 관리** : 리스크를 수용하되, 이를 최소화하는 다양한 방법을 고려합니다. 분산 투자, 적절한 손절매 전략, 포트폴리오 조정 등을 통해 리스크를 분산할 수 있습니다. 성공적인 투자자는 시장에서 발생하는 불확실성을 인정하고, 이를 어떻게 통제할지에 대해 명확한 전략을 가지고 있습니다.

성공적인 투자자의 사고방식은 장기적인 관점, 감정적인 결정의 억제, 자신의 투자 철학을 고수하는 것에서 비롯됩니다. 이러한 사고방식은 주식 시장의 변동성 속에서도 투자자들이 흔들리지 않고 안정적인 수익을 유지할 수 있게 도와줍니다.

투자의 원칙을 지키는 힘

투자의 원칙을 지키는 힘은 주식 투자에서 가장 중요한 요소 중 하나입니다. 주식 시장은 항상 변동성을 가지고 있으며, 이로 인해 투자자는 흔들리기 쉽습니다. 하지만 성공적인 투자자들은 이러한 변동성 속에서도 **자신의 원칙**을 지키는 힘을 통해 장기적인 성공을 이룰 수 있습니다.

1. 투자 원칙이 중요한 이유

주식 시장은 예측 불가능한 요소가 많기 때문에 투자자는 쉽게 동요할 수 있습니다. 그러나 이런 상황에서도 **일관된 투자 원칙**을 가지고 있다면, 감정적인 결정이나 단기적인 변동성에 휘둘리지 않고 장기적인 관점에서 꾸준한 성과를 거둘 수 있습니다.

투자 원칙이 없는 투자자의 실패

만약 투자자가 명확한 원칙 없이 투자한다면, 시장이 급락하거나 급등할 때 감정적으로 반응하여 잘못된 결정을 내리기 쉽습니다. 예를 들어, 주가가 급등할 때 "지금 아니면 기회를 놓칠 것"이라는 생각에 무작정 매수하거나, 하락할 때 공포에 매도하는 상황이 발생할 수 있습니다. 이런 감정적 대응은 장기적으로 손실을 키울 가능성이 높습니다.

반면, **투자의 원칙**을 세우고 이를 충실히 지키는 투자자는 이러한 상황에서도 흔들리지 않습니다. 명확한 원칙을 가지고 투자에 접근하면, 시장의 변동성 속에서도 투자 목표를 잃지 않고, 안정된 투자 행동을 유지할 수 있습니다.

2. 투자 원칙을 지키는 힘이란 무엇인가?

투자 원칙을 지키는 힘은 단순한 인내심 이상의 것입니다. 이는 투자자가 시장에서 끊임없이 오는 유혹과 공포에 흔들리지 않고 자신의 전략을 고수할 수 있는 능력을 의미합니다. 특히 주식 시장의 변동성 속에서 감정에 휘둘리지 않고 자신의 목표와 계획에 맞는 결정을 내리는 것이 중요합니다.

목표와 계획에 충실하기

투자 원칙을 지키는 첫 번째 단계는 **명확한 목표와 구체적인 계획**을 세우는 것입니다. 단기적인 성과에 연연하지 않고, 장기적으로 실현할 수 있는 현실적인 목표를 세우면, 시장 변동에도 흔들리지 않고 안정된 투자를 이어갈 수 있습니다.

예를 들어, 목표 수익률을 10%로 설정하고 그 목표에 도달했을 때 매도하는 원칙을 세웠다면, 주가가 더 오를 것 같다는 생각에 매도를 미루는 행동은 원칙을 어기는 것이 됩니다. 이러한 행동은 장기적으로 더 큰 손실을 초래할 수 있습니다. 따라서 투자 원칙을 세울 때는 **구체적이고 현실적인 목표**를 설정하고, 그 목표에 도달했을 때 과감히 결정을 내리는 힘을 기르는 것이 중요합니다.

3. 시장의 유혹에 흔들리지 않기

주식 시장에서는 항상 유혹이 존재합니다. "이번 주식은 꼭 오를 거야!", "지금 사지 않으면 기회를 놓칠지도 몰라." 같은 생각이 들 때가 많습니다. 하지만 이러한 단기적인 기대와 유혹은 오히려 투자 실패로 이어질 수 있습니다. 투자의 원칙을 지키는 힘이 필요한 이유는 이러한 **유혹에 흔들리지 않고** 자신만의 길을 갈 수 있는 능력을 갖추는 데 있습니다.

단기적인 기회에 휘둘리지 않기

시장은 때때로 급등하는 주식이나 새로운 트렌드로 투자자들에게 강한 유혹을 줍니다. 하지만 이런 **단기적인 기회**는 매우 위험할 수 있습니다. 특정 주식이나 산업에 대한 과도한 기대는 그만큼 큰 리스크를 동반하기 마련입니다. 따라서 단기적으로 눈에 보이는 수익 기회에 휘둘리지 않고, **장기적인 투자 전략**을 지키는 것이 중요합니다.

냉정한 판단의 필요성

단기적인 수익을 얻기 위한 투자는 감정적인 요소에 많이 좌우됩니다. 특히, 대중의 투자 열풍에 동참하려는 충동은 잘못된 투자로 이어질 수 있습니다. 따라서 시장이 일시적으로 큰 변동을 보이더라도 감정에 휘둘리지 않고, **냉정하게 상황을 분석**한 후 투자의 원칙에 따라 행동해야 합니다. 냉정한 판단을 할 수 있는 힘을 기르는 것이 결국 장기적인 성공으로 이어질 수 있습니다.

4. 손실이 발생할 때도 원칙을 지키는 힘

손실이 발생하면 투자자는 불안감을 느끼며 쉽게 패닉에 빠질 수 있습니다. 이때 손실을 만회하기 위해 **충동적인 매도**를 하거나, 무리한 매수를 시도하게 되는데, 이는 오히려 더 큰 손실로 이어질 수 있습니다. 손실이 발생한 상황에서도 **원칙을 지키는 힘**이 필요합니다.

손실을 인정하고 대응하는 법

손실을 피할 수 없는 상황이라면 이를 인정하고 **냉정하게 대응**하는 것이 중요합니다. 투자의 원칙을 지키는 힘은 손실이 발생하더라도 당황하지 않고, 미리 설정한 **손절매 기준**을 따르거나, 손실을 줄이기 위한 전략을 실행하는 것을 의미합니다. 예를 들어, 특정 주식이 10% 이상 하락하면 손절매를 실행하는 원칙을 세웠다면, 그 기준에 도달했을 때 감정적으로 주저하지 않고 매도를 실행해야 합니다.

장기적인 관점에서 회복을 기다리기

때로는 손실이 일시적인 상황일 수도 있습니다. 예를 들어, 기업의 펀더멘털(기초적인 재무 상태)이 튼튼하고, 장기적인 성장 가능성이 높다고 판단된다면, 일시적인 손실은 충분히 감수할 수 있습니다. 이때 중요한 것은 **장기적인 관점에서 투자를 이어가는 힘**입니다. 일시적인 손실에 휘둘리지 않고, 장기적인 회복을 믿고 투자 원칙을 고수하면, 결국 더 나은 결과를 얻을 수 있습니다.

5. 꾸준한 자기 평가와 피드백

투자의 원칙을 지키는 힘을 강화하는 방법 중 하나는 자기 평가와 피드백입니다. 주식 시장에서 자신이 내린 결정을 꾸준히 돌아보고, 잘못된 선택이 무엇이었는지 분석하는 습관을 들이면, 점점 더 원칙을 지키는 힘이 강화될 수 있습니다.

자신의 투자 기록을 분석하기

투자자들은 종종 과거의 결정을 돌아보지 않고 다음 투자를 이어가는 경향이 있습니다. 하지만 자신이 내린 결정을 다시 분석하고 평가하는 것이 매우 중요합니다. 이를 통해 어떤 상황에서 원칙을 지키지 못했는지, 왜 감정적인 결정을 내렸는지 파악할 수 있습니다. 그러한 피드백을 통해 자신의 투자 습관을 개선하고, 점점 더 일관되게 원칙을 지키는 힘을 기를 수 있습니다.

목표와 계획 재점검

투자 과정에서 시장 상황이 변하거나 자신의 재정 상태가 바뀔 수 있습니다. 따라서 주기적으로 자신의 목표와 계획을 재점검하고, 필요한 경우 수정하는 것이 중요합니다. 이러한 점검 과정을 통해 투자 원칙을 더욱 구체화하고, 시장 상황에 맞게 조정함으로써 장기적인 안정성을 유지할 수 있습니다.

투자의 원칙을 지키는 힘은 성공적인 투자의 핵심입니다. 주식 시장의 변동성과 유혹 속에서 투자자가 흔들리지 않고 일관된 결정을 내리는 것은 장기적인 성과로 이어집니다. 명확한 목표와 계획을 세우고, 단기적인 유혹에 휘둘리지 않으며, 손실 상황에서도 냉정하게 대응할 수 있는 능력을 기르는 것이 중요합니다. 꾸준한 자기 평가와 피드백을 통해 투자 습관을 개선하면, 점점 더 강한 원칙을 지킬 수 있는 힘을 기를 수 있을 것입니다.

경험에서 배우는 주식 투자의 지혜

경험에서 배우는 주식 투자의 지혜는 주식 투자에서 매우 중요한 요소입니다. 주식 투자는 이론만으로 성공할 수 없으며, 실전 경험을 통해 얻는 지혜가 장기적으로 투자 성과에 큰 영향을 미칩니다. 성공적인 투자자들은 자신의 과거 경험을 바탕으로 더 나은 결정을 내리며, 이를 통해 점차 안정적이고 성공적인 투자 습관을 길러갑니다.

1. 실수를 통해 배우는 법

주식 투자에서의 실수는 투자자의 성장 과정에서 중요한 역할을 합니다. 누구나 처음 주식 투자를 시작할 때는 실수를 하게 마련이며, 이 실수를 통해 중요한 교훈을 얻을 수 있습니다. 중요한 것은 실수를 두려워하거나 피하려 하지 말고, 그 실수를 통해 배우고 앞으로의 투자에 적용하는 것입니다.

손실을 통해 얻는 교훈

주식을 처음 시작하는 투자자들은 종종 손실을 경험합니다. 예를 들어, 주가가 급락할 때 감정적으로 매도하여 손실을 확정짓는 실수를 할 수 있습니다. 하지만 이 과정에서 중요한 것은 손실을 단순한 실패로 받아들이는 것이 아니라, 이를 **학습의 기회**로 삼는 것입니다. 왜 손실이 발생했는지, 그 시점에 어떤 결정을 내렸어야 했는지 스스로 돌아보는 과정에서 투자자는 중요한 교훈을 얻을 수 있습니다. 이런 실수들은 시간이 지남에 따라 더 나은 판단을 내리는 데 큰 도움이 됩니다.

2. 장기적인 관점에서의 경험 축적

장기적인 관점에서의 경험은 투자자에게 매우 소중한 자산입니다. 주식 시장은 단기적으로는 변동성이 크지만, 장기적으로는 상승하는 경향이 있습니다. 투자자는 이러한 시장의 패턴을 경험을 통해 체득하게 됩니다. 특히, 여러 번의 하락장과 상승장을 겪어본 경험은 투자자에게 시장의 흐름을 읽는 지혜를 제공합니다.

여러 번의 시장 사이클을 겪은 투자자

한 투자자가 10년 이상의 투자 경력을 갖고 있다면, 그는 여러 번의 상승장과 하락장을 경험했을 것입니다. 이러한 경험은 단기적인 시장 변동에 크게 영향을 받지 않도록 도와줍니다. 하락장이 와도 장기적으로 주가가 회복된다는 사실을 알고 있기 때문에, 불안감에 매도하지 않고 차분하게 기다릴 수 있는 능력을 기르게 됩니다. 이러한 경험은 주식 시장에서의 **일관된 성공**을 가능하게 합니다.

시간이 지나면서 얻는 인내심

경험을 통해 투자자는 인내심을 배웁니다. 장기적으로 주식 투자에서 가장 중요한 덕목 중 하나는 인내입니다. 주가가 일시적으로 하락할 때 너무 급하게 대응하기보다는, 장기적인 관점에서 주식의 가치를 바라보고 기다리는 것이 더 나은 결과를 가져올 수 있다는 것을 배우게 됩니다. 경험은 이러한 인내심을 길러주며, 이는 주식 투자의 성공을 위한 중요한 요소가 됩니다.

3. 다양한 투자 전략을 시도하고 배우기

경험이 쌓이면 투자자는 다양한 투자 전략을 실험해보고, 자신에게 맞는 전략을 찾아낼 수 있습니다. 모든 투자자가 동일한 방식으로 성공하는 것은 아닙니다. 따라서 경험을 통해 여러 가지 방법을 시도해보고, 어떤 방식이 자신에게 가장 잘 맞는지를 파악하는 것이 중요합니다.

가치 투자와 성장 투자 비교

어떤 투자자는 가치 투자를 선호하고, 또 다른 투자자는 성장 투자를 선호할 수 있습니다. 가치 투자는 저평가된 주식을 발굴하여 장기적으로 그 가치를 회복할 때까지 기다리는 전략이고, 성장 투자는 고성장 가능성이 있는 기업에 집중하여 높은 수익을 기대하는 방식입니다. 두 방법 모두 장단점이 있으며, 투자자는 경험을 통해 자신에게 맞는 전략을 찾아낼 수 있습니다.

투자 전략의 조정

경험이 없는 초보 투자자들은 종종 시장의 유행이나 주변 사람들의 말을 따라 특정 전략을 택할 수 있습니다. 그러나 시간이 지나면서 자신만의 투자 철학을 세우고, 전략을 조정하는 능력이 필요합니다. 투자자가 다양한 전략을 시도해보고, 각 전략이 자신에게 주는 성과를 경험하면서 조금씩 자신의 투자 방식에 맞게 수정해나가는 과정이 매우 중요합니다.

4. 실패에서 배우는 지속적인 개선

투자는 항상 성공적인 결과를 가져오는 것은 아닙니다. 실패는 불가피한 부분이며, 중요한 것은 실패를 통해 개선하고 발전하는 것입니다. 경험이 많은 투자자는 과거의 실패에서 교훈을 얻어, 동일한 실수를 반복하지 않도록 자신만의 방식을 개선해 나갑니다.

실패를 인정하고 개선하는 법

주식 투자에서 실패를 인정하지 않고 자신의 결정을 정당화하려는 경향이 있을 수 있습니다. 예를 들어, 손실을 봤음에도 불구하고 "주식 시장이 잘못되었어"라고 책임을 외부에 돌리는 것은 성장의 기회를 놓치는 행동입니다. 성공적인 투자자는 실패를 인정하고, 그 실패의 원인이 무엇인지 분석한 후, 이를 통해 자신의 투자 방식을 개선하는 능력을 갖추고 있습니다.

지속적인 학습과 피드백

주식 시장은 항상 변화하고 있기 때문에, 투자자는 지속적으로 학습하고 경험에서 피드백을 얻는 것이 중요합니다. 새로운 경제 동향, 기술 발전, 기업의 전략 변화 등 다양한 요소들이 주식 시장에 영향을 미칩니다. 따라서 투자자는 자신의 경험을 토대로 시장 변화에 맞춰 투자 전략을 수정하고, 계속해서 배워나가는 자세를 유지해야 합니다. 이런 학습 과정은 시간이 지날수록 더욱 중요한 지혜를 제공합니다.

5. 경험에서 얻는 심리적 안정

투자 경험을 통해 얻는 가장 큰 이점 중 하나는 심리적 안정입니다. 주식 시장의 변동성은 언제나 존재하지만, 경험이 부족한 투자자들은 이러한 변동성에 매우 민감하게 반응할 수 있습니다. 반면, 경험이 많은 투자자는 시장의 변동성을 자연스럽게 받아들이며, 감정적으로 휘둘리지 않고 일관된 결정을 내릴 수 있습니다.

공포와 탐욕을 통제하는 법

경험이 쌓이면, 투자자는 공포와 탐욕 같은 감정을 통제하는 능력을 얻게 됩니다. 예를 들어, 주가가 급락할 때 공포에 빠져 매도하지 않고, 반대로 주가가 급등할 때 탐욕에 사로잡혀 무리하게 매수하지 않는 능력을 기르게 됩니다. 이런 심리적 안정은 투자 성공에 있어 매우 중요한 요소입니다. 경험이 쌓일수록 투자자는 더 차분하게 시장을 바라보고, 감정적인 결정을 내리지 않게 됩니다.

경험에서 배우는 주식 투자의 지혜는 성공적인 투자를 위한 필수적인 자산입니다. 실수를 통해 배우고, 장기적인 관점에서 경험을 축적하며, 다양한 전략을 시도하고 실패를 통해 성장하는 과정은 투자자에게 매우 귀중한 교훈을 제공합니다. 또한 경험을 통해 심리적인 안정을 얻게 되면, 주식 시장의 변동성 속에서도 차분하고 일관된 결정을 내릴 수 있는 힘을 기르게 됩니다. 주식 투자에서 경험은 이론 이상의 가치를 지니며, 이를 통해 투자자는 지속적으로 발전하고 성공적인 결과를 이끌어낼 수 있습니다.

거장들의 투자 마인드와 철학

스탠리 드러켄밀러

스탠리 드러켄밀러는 뛰어난 매크로 투자자로, 조지 소로스와 함께 퀀텀 펀드(Quantum Fund)에서 활동하며 거대한 성공을 거둔 인물입니다. 드러켄밀러는 매크로 경제 환경을 분석하고, 세계 경제의 주요 흐름에 맞춰 대규모 투자를 진행하는 스타일을 가지고 있습니다. 그의 투자 마인드는 **유연성, 시장 흐름에 대한 직관**과 **리스크 관리**에 중점을 두고 있으며, 시장의 변화에 민첩하게 대응하는 능력이 그의 가장 큰 강점 중 하나입니다.

스탠리 드러켄밀러의 투자 마인드

1. 시장 흐름을 읽는 능력

드러켄밀러는 글로벌 경제의 트렌드를 파악하고, 정치적, 경제적 요인이 시장에 미치는 영향을 분석하여 투자 결정을 내립니다. 특히, 통화 시장과 주식 시장의 상관관계 및 각국의 경제 정책이 자산 가격에 미치는 영향을 중점적으로 분석합니다. 이를 통해 그는 큰 수익을 창출하는 능력을 발휘했습니다.

2. 유연성과 적응력

드러켄밀러는 시장 상황에 유연하게 대응하는 것이 성공적인 투자의 핵심이라고 봅니다. 시장 흐름에 따라 자신의 투자 전략을 빠르게 조정하고, 변화에 민첩하게 적응하는 것을 중요시합니다. 이는 시장 변동성 속에서도 그의 성과를 유지하게 해주는 중요한 요소입니다.

3. 집중 투자와 큰 베팅

드러켄밀러는 확신이 들면 과감하게 대규모 투자를 하는 스타일입니다. 그는 기회를 포착하면 큰 베팅을 통해 거대한 수익을 얻었지만, 이러한 전략은 신중한 분석과 리스크 관리에 기반해야 합니다. 집중 투자를 통해 그는 많은 성공을 거두었습니다.

4. 리스크 관리

드러켄밀러는 손실을 빠르게 인정하고 수정하는 리스크 관리 능력을 강조합니다. 잘못된 결정을 신속히 수정하며, 손실을 최소화하는 것이 성공적인 투자의 핵심이라고 봅니다. 그는 손실을 억제하면서 수익을 극대화하는 균형 잡힌 전략을 추구했습니다.

스탠리 드러켄밀러의 투자 철학

1. 탑 다운 매크로 투자(Top-Down Macro Investing)

드러켄밀러는 글로벌 경제와 정치적 환경을 분석하여 특정 자산이나 시장에 투자하는 탑 다운 매크로 투자 방식을 선호합니다. 경제 정책이 금리, 통화 가치, 주식 시장에 미치는 영향을 분석해 투자 결정을 내립니다. 이를 통해 큰 시장 흐름을 포착하여 투자 기회를 찾습니다.

2. 대규모 베팅의 중요성

그는 확신이 있을 때 과감하게 대규모 베팅을 통해 큰 수익을 추구합니다. 철저한 분석을 바탕으로 리스크를 감수하며, 성공적인 베팅은 높은 수익을 안겨줍니다. 대표적인 예로 영국 파운드화에 대한 공매도에서 큰 성공을 거둔 바 있습니다.

3. 손실 제한과 빠른 대응

드러켄밀러는 손실을 빠르게 인정하고 시장의 변화에 신속히 대응하는 것을 중시합니다. 손실이 발생하면 빠르게 포지션을 수정하고, 수익성이 높은 포지션은 오래 유지하는 전략을 따릅니다. 이를 통해 투자 위험을 효과적으로 관리합니다.

4. 심리적 통제와 객관성

투자에서 심리적 통제를 강조하며, 감정을 배제한 냉철하고 객관적인 결정을 내리는 것이 중요하다고 봅니다. 과도한 공포나 탐욕에 휘둘리지 않고, 이성적인 판단을 통해 합리적인 투자를 추구합니다.

5. 장기적 트렌드 파악

드러켄밀러는 단기적인 변동성보다 장기적인 경제 트렌드를 파악하는 데 중점을 둡니다. 큰 트렌드를 발견하면 장기적인 투자 결정을 내리며, 지속적으로 이를 관찰하는 것이 성공적인 투자의 핵심이라고 믿습니다.

스탠리 드러켄밀러의 투자 마인드는 시장 흐름에 대한 통찰, 유연성, 리스크 관리, 그리고 집중 투자에 중점을 둡니다. 그는 글로벌 경제와 정치적 변화에 민첩하게 대응하면서도, 확신이 있을 때는 과감하게 베팅하는 투자 방식을 취합니다. 그의 투자 철학은 매크로 경제 흐름을 분석하고, 손실을 빠르게 제한하며, 장기적 트렌드를 파악하는 데 중점을 두고 있습니다.

10장

장기적으로 성공하는 투자 마인드셋

장기적인 성공을 위해 끊임없는 학습과 성장이 필요하며, 실패를 교훈으로 삼는 자세가 요구됩니다. 단기적인 성과에 집착하지 않고 궁극적인 목표를 설정하고, 그에 맞춘 행동을 실천하는 것이 중요합니다.

시장의 변동성에도 흔들리지 않는 긍정적 사고와 목표 지향적인 마인드셋을 유지하는 것이 필수적입니다. 끈기와 인내가 장기적인 성공을 이끄는 열쇠입니다.

끊임없는 학습과 성장

끊임없는 학습과 성장은 주식 투자에서 장기적으로 성공하기 위해 필수적인 요소입니다. 주식 시장은 끊임없이 변화하고 발전하며, 이에 맞추어 투자자의 지식과 기술도 계속해서 발전해야 합니다. 투자자는 단순히 한 번의 성공적인 투자로 만족하지 않고, 지속적으로 배우고 성장하는 자세를 가져야만 장기적으로 안정적인 수익을 창출할 수 있습니다.

1. 시장은 끊임없이 변화한다

주식 시장은 경제 상황, 기술 발전, 정치적 변화 등 여러 요인에 의해 끊임없이 변화합니다. 과거에 성공했던 전략이 오늘날에도 유효할 것이라고 확신할 수 없으며, 새로운 정보와 변화에 대응하는 능력이 필수적입니다. 따라서 **끊임없는 학습**을 통해 최신 트렌드와 정보를 습득하고, 자신의 투자 방식을 개선하는 것이 장기적인 성공을 위한 첫걸음입니다.

기술 발전과 주식 시장의 변화

예를 들어, 2000년대 초반에는 정보기술(IT) 관련 기업들이 주식 시장을 주도했지만, 오늘날에는 인공지능(AI), 전기차, 재생 에너지 등 새로운 산업들이 주목받고 있습니다. 이런 변화에 대해 끊임없이 배우고, 새롭게 부상하는 산업에 투자할 수 있는 준비가 되어 있는 투자자는 시장의 변화에 능동적으로 대응할 수 있습니다.

경제 정책 변화에 따른 시장 반응

또한, 정부의 경제 정책이나 금리 변화 등도 주식 시장에 큰 영향을 미칩니다. 금리가 인상되면 기업의 대출 이자 부담이 커져 주가에 부정적인 영향을 미칠 수 있습니다. 따라서 경제 뉴스를 꾸준히 학습하고, 정책 변화에 따른 시장 반응을 예측하는 능력을 키워야 합니다.

2. 지속적인 학습의 중요성

주식 투자는 지식과 정보를 바탕으로 이루어집니다. 따라서 지속적으로 시장과 기업에 대한 정보를 수집하고 분석하는 능력을 키워야 합니다. 특히, 투자자는 **재무 분석, 경제 지표 분석, 기업 실적 평**

가 등 다양한 지식을 꾸준히 쌓아야 합니다. 이 과정에서 경험과 이론을 바탕으로 한 학습이 동시에 이루어져야 장기적으로 성공할 수 있습니다.

꾸준한 정보 업데이트

하루가 다르게 변화하는 경제 환경에서 꾸준한 정보 업데이트는 필수입니다. 새로운 기업의 등장, 기존 기업의 전략 변화, 그리고 글로벌 경제 상황에 대한 최신 정보를 습득하는 것은 투자자의 필수적인 활동입니다. 주식 시장은 투자자가 모르는 사이에도 끊임없이 변하고 있기 때문에, 꾸준한 정보 수집은 성공적인 투자자의 중요한 덕목입니다.

학습과 실전 경험의 균형

이론과 실전 경험을 동시에 쌓는 것도 중요합니다. 이론적인 학습은 시장의 원리와 기초를 이해하는 데 도움이 되지만, 실전 경험을 통해 자신의 투자 성향을 확인하고 구체적인 전략을 적용하는 과정에서 더 큰 학습이 이루어집니다. 이론적인 지식을 습득하고, 이를 실전에서 어떻게 활용할 수 있을지에 대한 실험을 반복하면서 학습과 성장이 동시에 이루어져야 합니다.

3. 변화하는 투자 전략에 적응하기

주식 시장에서 장기적으로 성공하기 위해서는 **유연한 사고방식**이 필요합니다. 특정 투자 전략이 항상 유효하지 않기 때문에, 시장 상황에 맞춰 투자 전략을 수정하고 발전시킬 수 있는 능력을 기르는 것이 중요합니다. 끊임없이 학습하고 정보를 업데이트함으로써 투자자는 새로운 전략을 발견하고, 기존의 전략을 개선해 나갈 수 있습니다.

고정관념을 버리고 새로운 기회를 탐색하기

주식 투자에서 고정관념에 사로잡히는 것은 매우 위험합니다. 한 가지 전략에 집착하지 않고, 새로운 투자 방법을 학습하고 적용해보는 유연함이 필요합니다. 예를 들어, 주가가 낮을 때만 매수하고, 오를 때만 매도하는 방식이 아니라, 특정 산업의 성장 가능성을 보고 장기적으로 투자하는 전략을 학습할 수 있습니다. 이런 방식으로 기존의 전략을 보완하고 발전시켜 나가는 것이 성공적인 투자로 이어집니다.

다양한 투자 전략 학습

성장주 투자와 가치주 투자, 혹은 배당주 투자와 같은 다양한 투자 전략을 학습하는 것도 중요합니다. 시장의 변화에 따라 어떤 전략이 효과적인지 달라질 수 있기 때문에, 여러 전략을 배워서 상황에 맞게 적용할 수 있는 능력을 길러야 합니다. 예를 들어, 경기 침체기에는 배당주 투자가 더 안정적인 수익을 가져다줄 수 있지만, 경기 회복기에는 성장주 투자가 더 큰 수익을 제공할 수 있습니다.

4. 실패를 학습 기회로 삼기

끊임없는 학습과 성장의 핵심 중 하나는 **실패에서 배우는 능력**입니다. 주식 시장에서의 실패는 불가피하지만, 그 실패를 단순히 좌절로 받아들이지 않고 **학습의 기회**로 삼는 것이 중요합니다. 실패에서 무엇을 배울 수 있는지, 그리고 그 교훈을 어떻게 다음 투자에 적용할 수 있을지를 고민하는 것이 성공적인 투자자의 자세입니다.

실패에 대한 열린 태도

실패를 받아들이고 개선하려는 열린 태도는 투자자의 성장을 돕습니다. 예를 들어, 주가가 하락했을 때 그 이유를 분석하고, 다음에는 어떻게 더 나은 결정을 내릴 수 있을지 고민하는 과정이 필요합니다. 실패에서 배운 교훈은 장기적으로 투자자가 더 나은 전략을 개발하고, 보다 안정적인 수익을 올리게 해줍니다.

실수를 통한 성장

예를 들어, 특정 기업의 주가가 급락했을 때, 그 기업의 재무 상태나 시장에서의 경쟁력을 충분히 분석하지 않고 감정적으로 매도했면, 이는 향후 같은 실수를 피할 수 있는 교훈이 됩니다. 경험을 통해 더 많은 정보를 수집하고, 신중하게 분석하는 습관을 기르면, 점차 실수를 줄일 수 있습니다.

5. 꾸준한 자기 평가와 피드백

주식 투자는 단순히 돈을 넣고 수익을 기다리는 것이 아닙니다. 지속적으로 자신의 **투자 성과를 평가하고 피드백**을 받는 과정이 필요합니다. 투자자는 끊임없이 자신의 투자 방식을 돌아보고, 새로운 방법을 학습하며 성장해야 합니다. 이러한 평가와 피드백의 반복 과정에서 투자자는 점점 더 나은 결정을 내릴 수 있게 됩니다.

주기적인 성과 점검

자신의 포트폴리오와 투자 성과를 주기적으로 점검하는 습관을 가지면, 어떤 부분에서 실수를 했는지, 혹은 어떤 부분에서 성공했는지를 명확히 알 수 있습니다. 이를 통해 실패를 개선하고 성공을 더욱 강화할 수 있습니다. 꾸준한 성과 평가를 통해 투자자는 자신만의 투자 철학과 방법론을 확립할 수 있습니다.

피드백을 통한 발전

자신의 투자 방식을 돌아보는 것은 혼자서 하기 어렵다면, 투자 전문가의 의견을 참고하거나 다양한 투자 서적과 강의를 통해 피드백을 받을 수도 있습니다. 이러한 피드백 과정을 통해, 현재 자신의 투자 방식에서 부족한 점이 무엇인지 발견하고 보완할 수 있습니다.

끊임없는 학습과 성장은 장기적으로 성공하는 투자자가 되기 위한 필수적인 과정입니다. 주식 시장은 항상 변화하고 발전하기 때문에, 투자자는 이러한 변화에 대응할 수 있는 지식과 능력을 갖춰야 합니다. 지속적으로 시장 정보를 학습하고, 새로운 전략을 연구하며, 실패에서 교훈을 얻어 나가는 과정을 반복하면서 투자자는 점점 더 나은 결정을 내리게 됩니다. 결국, 끊임없이 배우고 성장하는 자세를 가진 투자자만이 장기적으로 안정적인 수익을 얻을 수 있으며, 주식 시장에서 성공적인 발자취를 남길 수 있습니다.

실패를 기회로 삼는 법

실패를 기회로 삼는 법은 주식 투자에서 매우 중요한 마인드셋 중 하나입니다. 주식 시장은 변동성이 크고, 모든 투자자가 언젠가 한 번쯤은 실패를 경험하게 됩니다. 하지만 중요한 것은 실패 자체가 아니라, 그 실패를 어떻게 받아들이고 대응하느냐입니다. 실패를 단순히 부정적인 경험으로 끝내지 않고, 이를 통해 배우고 발전할 수 있는 기회로 삼는 능력이 장기적인 투자 성공에 있어 필수적입니다.

1. 실패는 주식 투자에서 피할 수 없는 부분이다

주식 투자를 하는 동안 **실패는 불가피한 요소입니다**. 주식 시장은 예측할 수 없는 변동성, 외부 요인, 경제적 변화 등에 의해 영향을 받기 때문에, 투자자가 모든 상황을 정확히 예측하고 대처할 수는 없습니다. 중요한 것은 실패가 발생했을 때 이를 자연스럽게 받아들이고

배움의 기회로 삼는 것입니다.

실패를 받아들이는 법

실패를 기회로 삼기 위해서는 먼저 **실패를 인정**하는 마음가짐이 필요합니다. 주식 투자에서 손실을 보거나, 잘못된 결정을 내리는 것은 투자자의 능력이 부족해서가 아니라, 시장의 불확실성과 예측할 수 없는 요소들에 의해 발생하는 경우가 많습니다. 따라서 자신의 실패를 인정하고 이를 분석함으로써 더 나은 결정을 내릴 수 있는 방법을 찾는 것이 중요합니다.

예측할 수 없는 상황

예를 들어, 기업의 실적이 좋고 장기적으로 성장 가능성이 있다고 판단했음에도 불구하고, 외부적인 요인(정치적 불안, 전염병 등)으로 주가가 하락할 수 있습니다. 이런 상황에서 투자자는 단순히 손실을 본 것에 대해 좌절하기보다는, 그 원인이 무엇이었는지 분석하고, 앞으로 어떻게 대처해야 할지 고민하는 것이 중요합니다.

2. 실패에서 배우는 교훈

실패를 기회로 삼기 위해서는 **실패에서 무엇을 배울 수 있는지**에 집중하는 것이 중요합니다. 실패를 통해 얻을 수 있는 가장 큰 교훈은 자신이 왜 실패했는지, 그리고 그 상황에서 더 나은 결정을 내릴 수 있었던 방법은 무엇인지를 찾는 것입니다. 이 과정을 통해 투자자는 더 나은 판단력을 키우고, 비슷한 상황에서 실수를 반복하지 않게 됩니다.

손실의 원인 분석

주식 투자에서 실패가 발생하면, 그 원인을 철저히 분석해야 합니다. 예를 들어, 특정 주식에 대한 정보가 부족했는지, 시장의 변동성에 대한 준비가 부족했는지, 또는 감정적인 결정으로 인해 손실이 발생했는지를 명확히 파악해야 합니다. 이러한 분석을 통해 투자자는 자신의 **판단 능력**을 개선할 수 있습니다.

실패를 통한 성장

실패는 단순히 손실을 뜻하는 것이 아니라, **성장의 발판**으로 삼을 수 있는 중요한 기회입니다. 실패를 겪으면서 투자자는 더 큰 인내심을 가지게 되고, 리스크를 관리하는 능력을 기르게 됩니다. 또한, 실패를 통해 배운 교훈을 다음 투자에 적용함으로써 점점 더 나은 결과를 얻을 수 있게 됩니다.

3. 실패 후 냉정하게 대응하기

실패를 경험한 후, 중요한 것은 **감정적인 반응을 피하고 냉정하게 대응하는 것**입니다. 주식 시장에서 실패를 겪으면 대부분의 투자자들은 공포에 휩싸이거나 지나치게 자신을 자책하는 경향이 있습니다. 하지만 실패 후 감정적으로 대응하는 것은 오히려 더 큰 손실로 이어질 수 있습니다. 실패 후에는 차분하게 상황을 돌아보고, 다음 단계를 계획하는 것이 중요합니다.

감정적인 대응을 피하기

실패 후 바로 감정에 휘둘려 무작정 매도하거나, 혹은 무리하게 손실을 만회하려고 추가적인 투자를 하는 것은 더 큰 손실을 불러올 수 있습니다. 감정적인 결정은 투자에서 큰 위험 요소로 작용하기 때문에, **감정적 대응을 최대한 억제**하고, 냉정하게 시장 상황을 분석하는 자세가 필요합니다.

실패 후 계획 세우기

실패한 투자에서 교훈을 얻었다면, 그 교훈을 바탕으로 **미래의 투자 계획**을 세우는 것이 중요합니다. 실패는 새로운 기회를 만들어내는 출발점이 될 수 있으며, 그 기회를 잡기 위해서는 명확한 목표와 전략이 필요합니다. 예를 들어, 손실을 본 주식에서 배운 교훈을 바탕으로 더 철저한 기업 분석이나 시장 연구를 통해 다음 투자를 준비하는 것이 좋습니다.

4. 리스크를 관리하는 법 배우기

실패는 리스크 관리의 중요성을 깨닫게 해줍니다. 성공적인 투자자는 리스크를 최소화하는 방법을 알고 있으며, 실패를 통해 리스크 관리 능력을 점점 더 키워갑니다. 실패를 경험하면서, 투자자는 리스크를 미리 파악하고 이를 최소화하기 위한 대비책을 세우는 법을 배우게 됩니다.

분산 투자의 중요성

리스크를 관리하는 가장 효과적인 방법 중 하나는 분산 투자입니다. 실패를 겪은 투자자는 한 종목에만 투자하는 것이 얼마나 큰 위험을 동반하는지 깨닫게 되고, 다양한 종목과 자산에 분산 투자함으로써 리스크를 줄일 수 있습니다. 분산 투자를 통해 한 종목에서 손실이 발생하더라도 다른 종목에서 수익을 올릴 수 있는 기회를 확보할 수 있습니다.

손절매 기준 설정

실패 후 교훈을 통해 손절매 기준을 설정하는 것도 중요합니다. 실패 경험이 있는 투자자는 주가가 일정 수준 이상 하락할 때 미련을 두지 않고 매도할 수 있는 기준을 세우는 법을 배우게 됩니다. 이러한 기준을 명확히 세워두면, 주식 시장의 변동성 속에서도 감정적으로 대응하지 않고 냉정하게 투자 결정을 내릴 수 있습니다.

5. 실패에서 얻은 인내심과 자신감

실패를 경험한 투자자는 점차 인내심과 자신감을 키워나가게 됩니다. 실패는 좌절의 순간일 수 있지만, 그 실패를 극복하고 다시 일어설 수 있는 능력을 기르는 과정에서 투자자는 더 강해집니다. 실패를 통해 얻은 인내심은 시장의 변동성 속에서도 차분하게 대응하는 능력을 기르게 하고, 성공적인 투자를 위한 자신감으로 이어집니다.

실패를 반복하지 않는 법

실패를 경험한 투자자는 다시 같은 실수를 반복하지 않기 위해 더 신중한 결정을 내리게 됩니다. 이러한 과정에서 투자자는 스스로에 대한 자신감을 점차 회복하게 되며, 실패를 두려워하지 않고 더 큰 목표를 향해 나아갈 수 있게 됩니다.

인내심과 성공의 관계

주식 시장에서 인내심은 매우 중요한 요소입니다. 실패를 통해 인내심을 기른 투자자는 장기적인 관점에서 시장을 바라보게 되며, 일시적인 하락에 쉽게 동요하지 않게 됩니다. 이는 장기적으로 성공적인 투자자로 성장하는 데 큰 도움이 됩니다.

실패를 기회로 삼는 법은 주식 투자에서 성공하기 위한 필수적인 마인드셋입니다. 실패는 주식 시장에서 불가피한 요소이지만, 그 실패를 통해 얻은 교훈은 투자자의 성장을 돕습니다. 실패를 인정하고 그 원인을 분석하며, 냉정하게 대응하고 리스크를 관리하는 능력을 기르면 실패는 오히려 더 큰 기회를 제공하게 됩니다. 실패를 통해 얻은 인내심과 자신감은 장기적인 성공을 위한 기반이 되며, 실패를 두려워하지 않는 투자자는 결국 더 큰 성과를 얻을 수 있습니다.

주식 투자의 궁극적인 목표 설정

주식 투자의 궁극적인 목표 설정은 장기적으로 성공적인 투자를 이루기 위해 가장 중요한 과정 중 하나입니다. 많은 투자자들이 단기적인 수익에 집중하지만, 주식 투자의 본질은 장기적으로 재산을 늘리고, 경제적인 안정성을 얻는 데 있습니다. 명확한 목표를 설정하면 투자 과정에서 흔들리지 않고 일관된 결정을 내릴 수 있으며, 주식 시장의 변동성에도 흔들리지 않게 됩니다.

1. 주식 투자의 목표는 단순한 수익 창출이 아니다

많은 사람들이 주식 투자를 단순히 돈을 벌기 위한 수단으로만 생각합니다. 하지만 장기적으로 성공적인 투자를 위해서는 단기적인 이익을 넘어서 궁극적인 목표를 명확히 설정하는 것이 중요합니다. 주식 투자는 돈을 벌기 위한 수단뿐만 아니라, **재정적인 독립, 미래의**

안정성, 그리고 **삶의 질 향상**을 목표로 해야 합니다.

재정적 독립을 위한 투자

예를 들어, 어떤 사람은 주식 투자를 통해 재정적인 독립을 이루고 싶을 수 있습니다. 재정적 독립이란, 일을 하지 않아도 주식에서 발생하는 배당금이나 자산 가치 상승을 통해 생활비를 충당할 수 있는 상태를 말합니다. 이런 목표를 가진 투자자는 단기적인 주가 상승에 일희일비하지 않고, 장기적으로 안정적인 수익을 창출할 수 있는 포트폴리오를 구성할 수 있습니다.

자산 증식과 미래의 안정성

또 다른 중요한 목표는 자산 증식과 미래의 경제적 안정성입니다. 장기적인 투자 목표를 설정하면, 단기적인 손익에 집중하는 대신, 꾸준한 자산 증식을 통해 노후 자금을 마련하거나 자녀의 학비를 충당하는 등 삶의 질 향상을 도모할 수 있습니다. 이를 위해서는 목표를 구체적으로 설정하고, 그 목표를 이루기 위한 전략을 세워야 합니다.

2. 현실적이고 구체적인 목표 설정의 중요성

주식 투자에서 성공하려면 현실적이고 구체적인 목표를 설정하는 것이 매우 중요합니다. 목표가 명확하지 않으면, 투자 과정에서 방향을 잃고 감정적으로 결정할 가능성이 높아집니다. 따라서 자신의 재정 상황과 투자 기간, 리스크 감수 능력을 바탕으로 구체적이고 달성 가능한 목표를 세우는 것이 필요합니다.

SMART 목표 설정

투자 목표를 설정할 때는 SMART 원칙을 따르는 것이 좋습니다. SMART는 구체적(Specific), 측정 가능(Measurable), 달성 가능 (Achievable), 관련성 있는(Relevant), 기한이 있는(Time-bound) 목표 를 설정하라는 의미입니다.

- **구체적** : 목표가 명확해야 합니다. 예를 들어, "5년 안에 20% 수익률 달성"처럼 구체적으로 설정해야 합니다.
- **측정 가능** : 목표를 숫자로 표현해, 달성 여부를 확인할 수 있어 야 합니다.
- **달성 가능** : 목표는 현실적이어야 합니다. 지나치게 높거나 비현 실적인 목표는 투자자를 지치게 만듭니다.
- **관련성 있는** : 목표는 자신의 재정 상황과 생활 계획에 맞아야 합니다.
- **기한이 있는** : 목표는 특정 기간 내에 달성할 수 있어야 합니다.

구체적인 목표 설정

예를 들어, "10년 안에 주식 포트폴리오를 통해 1억 원을 마련하고, 이를 통해 은퇴 후 생활비의 일부를 충당하겠다"는 구체적인 목표를 설정할 수 있습니다. 이러한 목표는 구체적이고 달성 가능한 계획을 세우는 데 도움이 됩니다.

3. 장기적인 관점에서의 목표 설정

주식 투자의 궁극적인 목표는 장기적인 관점에서 설정해야 합니다. 주식 시장은 단기적으로 변동성이 크기 때문에, 단기적인 목표에 집중하면 쉽게 실패하거나 좌절할 수 있습니다. 반면, 장기적인 목표를 설정하면 시장의 일시적인 변동에 크게 영향을 받지 않고, 장기적으로 꾸준한 성과를 얻을 수 있습니다.

장기적인 성장과 안정성

장기적인 관점에서 투자자는 주가의 일시적인 변동성에 일희일비하지 않고, 기업의 장기적인 성장 가능성에 집중할 수 있습니다. 또한, 장기적으로 투자를 유지하면 복리 효과를 누릴 수 있으며, 주가 상승과 배당 수익을 통해 자산을 크게 증식할 수 있습니다.

자산 증식의 목표

예를 들어, "20년 후 은퇴 시점까지 자산을 2배로 증식하여 안정적인 노후 자금을 마련하겠다"는 목표를 세울 수 있습니다. 이는 단기적인 주가 변동에 대한 걱정보다는, 장기적인 성장을 목표로 하는 투자 전략을 지속할 수 있는 동기를 제공합니다.

4. 리스크를 감수할 수 있는 목표 설정

주식 투자의 목표는 항상 리스크를 감수할 수 있는 범위 내에서 설정해야 합니다. 아무리 높은 수익을 기대하더라도, 그에 따르는 리스크를 고려하지 않으면 장기적으로 성공하기 어렵습니다. 따라서 투자자는 자신의 리스크 허용 범위를 명확히 이해하고, 그 범위 내에서 목표를 설정하는 것이 중요합니다.

리스크와 수익의 균형 맞추기

목표를 설정할 때, 수익률과 리스크의 균형을 맞추는 것이 중요합니다. 지나치게 높은 수익을 기대하면 그만큼 큰 리스크를 감수해야 하며, 반대로 리스크를 너무 두려워하면 수익률이 낮아질 수 있습니다. 따라서 투자자는 자신의 재정 상황과 성향에 맞는 목표를 설정하고, 리스크를 관리하는 전략을 함께 세워야 합니다.

안정성과 수익을 동시에 고려한 목표

"향후 10년 동안 연평균 8%의 수익을 기대하며, 포트폴리오의 60%는 안정적인 배당주에, 40%는 성장 가능성이 높은 주식에 투자하겠다"와 같은 목표를 설정할 수 있습니다. 이 목표는 수익과 리스크의 균형을 고려한 현실적인 목표입니다.

5. 목표에 따른 투자 전략 설정

궁극적인 목표를 설정한 후에는, 그 목표에 맞는 투자 전략을 수립하는 것이 필요합니다. 목표를 이루기 위해 어떤 종목에 투자할지, 어떤 비율로 자산을 배분할지, 그리고 주기적으로 포트폴리오를 어떻게 조정할지에 대한 계획이 있어야 합니다.

분산 투자 전략

분산 투자는 리스크를 줄이면서도 목표를 달성할 수 있는 중요한 방법입니다. 주식, 채권, 부동산, ETF 등 다양한 자산에 분산 투자하면, 특정 자산에서 발생하는 손실을 다른 자산에서 보완할 수 있습니다. 목표에 맞는 분산 투자 전략을 수립하면, 장기적으로 안정적인 성과를 얻을 수 있습니다.

목표에 따른 자산 배분

"안정적인 은퇴 자금 마련을 목표로, 포트폴리오의 70%는 안정적인 배당주와 채권에, 30%는 성장 가능성이 있는 주식과 ETF에 투자하겠다"는 전략을 세울 수 있습니다. 이 전략은 장기적인 목표를 이루기 위한 구체적인 계획으로, 안정성과 수익성을 모두 고려한 접근입니다.

주식 투자의 궁극적인 목표 설정은 장기적인 성공을 위한 필수 과정입니다. 단기적인 이익을 넘어, 재정적 독립, 자산 증식, 미래의 안정성 등 장기적이고 구체적인 목표를 설정함으로써 투자자는 흔들리지 않고 꾸준한 성과를 거둘 수 있습니다. 목표는 현실적이고 구체적으로 세우며, 리스크를 감수할 수 있는 범위 내에서 설정해야 합니다. 또한, 목표에 맞는 투자 전략을 세우고, 주기적으로 목표를 점검하며 조정하는 과정이 장기적인 투자 성공으로 이어질 수 있습니다.

거장들의 투자 마인드와 철학

필립 피셔

필립 피셔는 주식 투자 역사에서 매우 중요한 인물로, 그의 투자 마인드는 **성장주 투자**에 중점을 두고 있습니다. 피셔는 장기적으로 큰 성장을 이룰 수 있는 기업을 발굴하고, 오랜 기간 그 주식을 보유하는 방식을 통해 높은 수익을 얻는 전략을 사용했습니다. 그는 투자자들이 단기적인 주가 변동보다는 기업의 본질적인 성장 잠재력에 집중해야 한다고 주장했으며, 그의 투자 철학은 오늘날에도 널리 존경받고 있습니다.

필립 피셔의 투자 마인드

1. 성장주 투자(Growth Investing)

피셔는 성장 가능성이 높은 성장주에 투자하는 것을 매우 중시했습니다. 그는 기업이 장기적으로 성장할 수 있는 잠재력을 가지고 있는지 분석하고, 이러한 기업에 투자한 후 장기간 보유하는 전략을 선호했습니다. 피셔는 매출과 이익이 꾸준히 증가하는 기업이 장기적으로 높은 주가 상승을 가져올 가능성이 크다고 믿었기 때문에, 성장을 지속할 수 있는 기업을 찾는 데 집중했습니다.

2. 기업의 질적 분석

피셔는 주식 분석에서 질적 요소를 매우 중요하게 생각했습니다. 그는 기업의 재무 상태만을 분석하는 것이 아니라, 경영진의 역량, 혁신 능력, 연구개발(R&D) 투자의 비율, 고객 충성도 등을 종합적으로 고려했습니다. 특히, 그는 경영진의 비전과 능력이 기업의 장기 성장에 큰 영향을 미친다고 보았기 때문에, 경영진의 역량을 파악하는 것을 중시했습니다.

3. 오래 보유하는 투자(Holding for the Long Term)

피셔의 핵심 투자 원칙 중 하나는 오랫동안 보유하는 것입니다. 그는 자신이 발견한 좋은 기업의 주식을 장기간 보유함으로써 그 기업의 성장에 따른 이익을 극대화할 수 있다고 믿었습니다. 단기적인 시장 변동에 흔들리지 않고, 기업의 장기적인 성장 잠재력에 집중하는 것이 그의 성공적인 투자 전략의 중요한 부분이었습니다.

4. 분산 투자보다는 집중 투자

피셔는 일반적인 분산 투자보다는 자신이 확신하는 기업에 집중 투자하는 것을 선호했습니다. 그는 소수의 우수한 기업에 투자해 그 기업의 성과에 따라 큰 수익을 얻는 방식을 추구했으며, 분산 투자가 투자자의 관심을 분산시키고 성과를 희석시킬 수 있다고 보았습니다. 따라서 그는 철저한 분석을 통해 자신이 믿는 몇몇 기업에 집중하는 투자를 강조했습니다.

필립 피셔의 투자 철학

1. 스카우트 기법(Scuttlebutt Method)

피셔는 투자 결정을 내릴 때 스카우트 기법이라는 독특한 방법을 사용했습니다. 이는 투자할 기업에 대한 정보를 얻기 위해 해당 산업의 전문가, 경쟁사, 고객, 공급업체 등과 직접 인터뷰를 통해 정보를 수집하는 방식입니다. 이러한 정보를 바탕으로 기업의 성장 가능성을 평가하고, 투자 여부를 결정하는 것이 피셔의 중요한 철학 중 하나였습니다. 이는 단순히 숫자로 나타난 재무제표에만 의존하지 않고, 더 깊이 있는 시장 및 기업의 상황을 파악할 수 있는 방법입니다.

2. 기업의 경쟁 우위

피셔는 기업이 지속 가능한 경쟁 우위를 가지고 있는지를 매우 중요하게 여겼습니다. 그가 말하는 경쟁 우위란 해당 기업이 경쟁사보다 더 나은 제품, 기술, 마케팅 전략 등을 보유해 장기적으로 시장에서 우위를 차지할 수 있는지를 의미합니다. 이러한 경쟁력을 바탕으로 기업이 꾸준히 성장할 수 있다고 믿었습니다.

3. R&D와 혁신에 대한 중시

피셔는 기업이 꾸준히 연구개발(R&D)에 투자하고, 혁신을 통해 지속적인 성장을 추구해야 한다고 보았습니다. 그는 연구개발에 많은 자원을 투입하고, 새로운 기술이나 제품을 개발해 시장에서의 경쟁력을 높일 수 있는 기업이 장기적으로 성공할 가능성이 크다고 믿었습니다. 따라서 그는 이러한 혁신적인 성향을 가진 기업을 선호했습니다.

4. 회사의 관리 및 경영진에 대한 신뢰

피셔는 기업의 경영진을 매우 중요하게 평가했습니다. 그는 경영진이 신뢰할 수 있고, 투명하며, 장기적인 비전을 가지고 있는지가 투자 성공에 중요한 요소라고 보았습니다. 특히, 경영진이 주주의 이익을 최우선으로 생각하는 기업에 투자하는 것이 중요하다고 강조했습니다.

5. 단순한 주가 수익률 P/E 에 의존하지 않음

피셔는 단순히 주가수익비율(P/E)과 같은 지표에 의존하는 것이 아니라, 기업의 성장 잠재력과 혁신 능력에 더 큰 비중을 두었습니다. 그는 기업의 가치를 평가할 때 단기적인 주가 변동보다는 기업의 본질적인 성장을 더 중요하게 생각했습니다.

필립 피셔의 투자 마인드는 성장주 투자, 질적 분석, 장기 보유, 그리고 경영진의 역량과 혁신에 중점을 둡니다. 그는 기업의 재무 상태뿐만 아니라 경영진의 능력, 기업의 경쟁 우위, 연구개발에 대한 투자 등을 종합적으로 고려하여 투자 결정을 내렸습니다. 그의 철학은 장기적인 성장을 기대할 수 있는 우수한 기업에 집중 투자하고, 시장의 단기적인 변동에 흔들리지 않는 것이 성공적인 투자로 이어진다는 점에 중점을 두고 있습니다.

주식 투자의 승패는 마인드에서 결정된다

초보자를 위한 주식 수업

초판 1쇄 인쇄 2024년 11월 20일
초판 1쇄 발행 2024년 11월 25일

지은이 백광석
펴낸이 백광석
펴낸곳 다온길

출판등록 2018년 10월 23일 제2018-000064호
전자우편 baik73@gmail.com

ISBN 979-11-6508-642-8 (13320)